Leading a High Reliability School

数据驱动式教学

如何科学、有效、系统地提高学生成绩

[美] 罗伯特 · J. 马扎诺 Robert J. Marzano　菲利普 · B. 沃里克 Philip B. Warrick
卡梅伦 · L. 雷恩斯 Cameron L. Rains　理查德 · 杜富尔 Richard DuFour 著

中国青年出版社

图书在版编目（CIP）数据

数据驱动式教学：如何科学、有效、系统地提高学生成绩/（美）罗伯特·J. 马扎诺等著；张庆彬译. —北京：中国青年出版社，2024. 6
书名原文：Leading a High Reliability School
ISBN 978-7-5153-7254-9

Ⅰ. ①数… Ⅱ. ①罗… ②张… Ⅲ. ①教学研究 Ⅳ. ①G420

中国国家版本馆CIP数据核字（2024）第057221号

数据驱动式教学：如何科学、有效、系统地提高学生成绩

作　　者：［美］罗伯特·J. 马扎诺　菲利普·B. 沃里克
　　　　　卡梅伦·L. 雷恩斯　理查德·杜富尔
译　　者：张庆彬
责任编辑：肖妩嫔
文字编辑：黄　婧
美术编辑：佟雪莹
出　　版：中国青年出版社
发　　行：北京中青文文化传媒有限公司
电　　话：010-65511272 / 65516873
公司网址：www.cyb.com.cn
购书网址：zqwts.tmall.com
印　　刷：大厂回族自治县益利印刷有限公司
版　　次：2024年6月第1版
印　　次：2024年6月第1次印刷
开　　本：787mm × 1092mm　1/16
字　　数：150千字
印　　张：13.5
京权图字：01-2022-6043
书　　号：ISBN 978-7-5153-7254-9
定　　价：49.90元

contents

目 录

第二章 安全且具有支持性和协作性的文化 053

第三章 有效课堂教学 095

序 言

提高学生成绩无疑是所有学校的主要目标。然而，随着标准化考试的兴起和施加于学校的要求的增多，教育工作者经常发现自己正在偏离这一主要目标。从日常文书工作到课程设计和评价，教育工作者除了关注学生的学习，还需要处理大量的事情，但他们似乎已经无暇应对。那么，教育工作者应当如何筛选繁杂的任务（包括硬性任务和可选任务），从而专注于能提高学生成绩的关键任务？换句话说，他们该如何确定自己所做的工作是正确的？

在本书中，我的朋友鲍勃·马扎诺（Bob Marzano）、菲利普·沃里克（Philip Warrick）和卡梅伦·雷恩斯（Cameron Rains）提供了一种综合模型，领导者可以遵循该模型来确保所做的工作是正确的。数据驱动式教学模型的构建基于多年的研究，它包含25种可供领导者实施的变量或领先指标。从安全的学校环境到切实可行的课程安排，这些领先指标为领导者规划了前进的路线图。

我们亲爱的朋友和同事——理查德·杜福尔博士（Dr. Rick DuFour）在抗癌失败之前为本书撰写了清晰而有力的导语，讲述了专业学习共同体的强大影响力，特别论述了“有效的专业学习共同体”这一概念及其在构建数据驱动式教学模型的过程中所发挥的不可或缺的作用。理查德是专业学习共同体工作的先驱，曾以作家身份在解答树出版社工作20余年，他将数十年的经验和见解全部倾注于本书。

在后续章节中，鲍勃、菲利普和卡梅伦围绕数据驱动式教学的25个领先指标进行了详细的讨论。他们使用了大量的例证、评价量表、学习进程及表格，逐步引导读者实施每一个领先指标，获取持续改进所需的数据，确保领导者负起应有的责任。每章的结尾都有相应的例证——比如学校领导者在实施数据驱动式教学模型过程中积累的经验、遇到的挑战及取得的成功。

学校要做的工作并不容易，它包括提出难题、确定任务的优先顺序、相互协作、分析数据及监督进展，这些工作会一直持续下去。《数据驱动式教学》一书为领导者提供了一种综合模型，能够帮助其学校明确工作的目标和方向。我们非常荣幸能通过解答树出版社和马扎诺研究中心将本书呈现给大家。

杰弗里·C. 琼斯

如何阅读本书

希望使用数据驱动式教学创建高可靠性学校的领导者必须认识到，他们所面临的挑战不仅仅是构建新的结构和策略。他们必须面对更大的挑战：重塑学校文化并重塑驱动这种文化的假设、信念和期望。越来越多的人一致认为，领导者可以培养教育工作者作为专业学习共同体成员的能力，以最佳状态领导这种文化变革并推动学校不断进步。有了强大的专业学习共同体，校长和教师就能更好地实施数据驱动式教学的其他关键要素。

第一章概述了高可靠性组织和学校领导力，包括早期的学校领导力和有效学校领导者的特点。本章还提出了创建领先指标的四个步骤，来为学校的成功设立标准。这些标准基于数据驱动式教学模型中每个层次的领先指标，共有25个领先指标，它们构成了各自滞后指标的基础。第二章至第六章讨论了数据驱动式教学模型的五个层次：安全且具有支持性和协作性的文化、深入课堂的有效教学、切实可行的课程安排、基于标准的汇报和能力本位教育。

具体而言，第二章讨论了数据驱动式教学模型的第一个层次——一个安全且具有支持性和协作性的环境。这一层次的领先指标展现了专业学习共同体过程应当支持的关键行动和倡议，来为有效学校教育创建心理和操作基础。第三章讨论了数据驱动式教学模型的第二个层次——有效课堂教学。这一层次的领先指标具体阐述了专业学习共同体过程如何直接和间接地把教师的能力水平培养至最高层次。第四章讨论了数据驱动式教学模型的第三个层次——有保障的可行课程。在这一层次，专业学习共同体过程侧重于确保每个教师的课程安排都足够一致且明确，以便学生严格分析课程内容。第五章讨论了数据驱动式教学模型的第四个层次——标准参照汇报。在这一层次，专业学习共同体过程确保学校为个体学生及整个学校设定合适的目标并汇报进度。第六章讨论了数据驱动式教学模型的第五个层次——能力本位教育。在这一层次，专业学习共同体过程必须有助于促进范式转移，允许学生按照自己的节奏学习，这完全改变了传统的时间安排和利用方式。

第二章至第六章还包括滞后指标、快速数据、持续改进的相关信息，以及每个领先指标的领导者责任。领导者责任部分提供了一个能力等级量表，领导者可以用它来判断其对于相应指标的有效性。

每章结尾都有一个关于变革的部分，其中包含了领导者的名言和重要思想，这些领导者的学校在实施这些领先指标的基础上得到了改进。最后，第七章总结了学区领导者如何设定角色、建立协作团队并作出承诺，以确保实施数据驱动式教学。

希望创建并维持数据驱动式教学的领导者必须把专业学习共同体过程视为数据驱动式教学模型的基石，使每个学生都能进行高水平的学习。本书的其余部分描述了数据驱动式教学模型的五个层次，并阐述了专业学习共同体过程如何把这些层次应用于现实中的学校。

导 语

专业学习共同体是数据驱动式教学的基石。

——理查德 · 杜福尔

约翰·W. 加德纳（John W. Gardner）1961 年出版了《卓越》（*Excellence*）一书，在该书的副标题中，他提出了这样的疑问——“我们能实现公平和卓越吗？”当代教育工作者需要对这一问题做出肯定回答，但这对他们来说是一种挑战。追求卓越的学校必须采取行动，来确保所有学生都能有平等的机会获取知识和技能，培养优秀品格，为未来做好准备。开设学校是为了根据学生的认知能力、社会经济地位和可能从事的职业对学生进行分类和筛选。如今，这些学校需要确保每个学生在高中毕业时都具备高水平的学习能力，来为大学或其他类型的高等教育培训做准备。简而言之，一所学校要想变得卓越，就需要追求公平。

20世纪70年代和80年代关于有效学校的研究表明，某些学校比其他学校能更有效地帮助学生达到预期的学习水平。然而，学校经常忽略一个事实，即一所学校内部学生的成绩差距要比不同学校之间学生的成绩差距大得多，这在很大程度上是因为同一所学校里教师的能力参差不齐。

这一发现不足为奇，因为世界上大部分地区采用的都是传统的学校教育结构，每位教师的课堂都是独立的，教师自身的经验、专业知识、偏好和兴趣决定了课堂教学。对于学生来说，这种结构像是一种教育赌注，他们学什么，学多少，如何得到评估，如何应对困难，这些几乎全都取决于分配给他们的教师。

那些希望发展数据驱动式教学的领导者必须直面挑战：缩小教师之间的能力差距，让所有学生都能获得良好的教学、切实可行的课程安排及严格的学习情况监测，在学习遇到困难时都能得到系统的干预，在表现出较高的学习水平时都能得到一定的延伸和拓展。面对这一挑战，最有希望的解决办法就是：让专业学习共同体成为发展数据驱动式教学的基石。这种方法能让教育事业变得卓越和公平。

专业学习共同体的首要地位

为了让数据驱动式教学模型带领学校走向卓越，教育工作者必须明白，他们的一切努力都需要以专业学习共同体为基础。我们发现，虽然“专业学习共同体”这一术语已经非常普遍，但不同的群体对它的定义不尽相同。为了实现目标，我们需要区分这三个术语——专业学习共同体、协作团队和专业学习共同体过程。

许多学校的教育工作者将他们的协作团队称作专业学习共同体。对此，我们并不赞成。专业学习共同体指的是尝试实施专业学习共同体过程的学校或学区。该过程的诸多要素都需要全校协作，已经超出了年级或者特定课程组的工作范围。虽然协作团队不是专业学习共同体，但它是专业学习共同体的基本结构，也是推进专业学习共同体过程的动力。

专业学习共同体过程要求教育工作者在共同探究和行动研究的循环中通力合作，以便提高学生的成绩。它基于这样的假设，即教育工作者有目的的、持续的且与教学工作紧密结合的学习是提高学生成绩的关键。在深入研究专业学习共同体间的细微差别之前，让我们先来看看成为一所有效学校所需要的基本条件——能为学生和成人的学习提供一个安全有序的环境。

安全有序环境的重要性

亚伯拉罕·马斯洛（Abraham Maslow）在创建需求层次结构时，将安全和有序列为仅次于空气、水、食物等生理需求的基本需求。但他发现，尽管满足安全需求对于向高层次的自我实现发展至关重要，但它并不能确保这种发展进程。课堂教学也是同样的道理。

每位教师都知道有效课堂管理的重要性。如果不能维持安全有序的课堂，即使是学富五车的教师也会举步维艰。但是，有效教师除了关注课堂管理之外，还会采取策略吸引学习者的注意力，并持续监督他们的学习情况。课堂管理是有效教学的必要条件，但是，仅靠课堂管理是不够的。

同样的原则也适用于学校。营造一个安全有序的环境固然重要，但这远远不够。每位学校领导者都必须为学习者提供一个安全有序的学习环境。但是，如果学校领导者想要打造出优秀的学校，除了严格管理之外，他们还需要采取其他行动。

鉴于安全有序环境的重要性，令人吃惊的是，教育工作者往往对具体的指标缺乏了解，而正是这些指标可以帮助他们深入理解如何在校内营造安全有序的环境。我曾经询问过很多教师以下问题：

- “你们有多少人知道本校学生去年写了多少份纪律处罚表？”
- “你们有多少人知道他们写纪律处罚表的首要原因？”
- “你们有多少人知道本校去年有多少学生受到停学处分？”
- “学校是否在某个时间段、某天或者某个地点最容易出现纪律问题？”
- “本校学生感觉在校安全吗？”

- “你们学校的学生是否遭遇或者目睹过霸凌？”

大多数情况下，教职工无法回答这些问题。如果他们不了解现状，就很难通过协作取得进步。因此，学校领导者应将学校环境的相关信息放在首位，经常让教职工参与这些信息的分析，进而明确有潜在需求的领域，并制定改进策略。其中一个策略就是，采纳推进专业学习共同体过程的三大理念。

推进专业学习共同体的三大理念

推进专业学习共同体过程有三大理念，教育工作者对这三大理念的理解和接受程度会极大地影响专业学习共同体过程在学区或学校的实施结果。这三大理念包括：（1）聚焦学习；（2）协作文化；（3）以结果为导向。

聚焦学习

推进专业学习共同体过程的第一大理念是最重要的，它明确了学校的根本目标：确保所有学生获得知识和技能，培养优秀品格，使他们能在基础教育（K–12[1]）体系之外继续深造。这个理念彻底颠覆了一个传统前提，即学校的目的仅仅是为学生提供学习的机会。“教师的任务是教学，学生的任务是学习”这一说法正是上述传统前提的体现。与之相关的问题是：学校是否教授了全部的教学内容？或者，是否涵盖了所有的课程安排？如果学校的根本目标不仅仅是确保教师教学，还期望学生学习，那么与之相关的问题就会变成：学生学习了吗？学生是否获得了本课程、本单元或者本节课预设的知识、技能和优秀品格？

在与学校合作实施专业学习共同体的过程中，我和同事发现，我们可

[1] K12或K–12，是kindergarten through twelfth grade的简写，是指从幼儿园（Kindergarten，通常5–6岁）到十二年级（Grade Twelve，通常17–18岁），这两个年级是美国、澳大利亚及英国、加拿大的免费教育处于头尾的两个年级，K–12是国际上对基础教育的统称。——译者注

以从专业学习共同体的四大支柱入手来转变对学校目标的认识。

1. 使命：学校为什么存在？学校的根本目标是什么？我们聚在这里是为了实现什么？

2. 愿景：为了更好地实现我们的根本目标，学校需要做出哪些改变？能否描述一下未来五年我们理想中学校的样子？什么样的政策、实践、程序和文化最符合全民学习的使命？

3. 集体承诺：我们该如何行事？我们必须做出并兑现哪些承诺才能发展成为理想中的学校，从而更好地实现根本目标？我们的承诺是否具体描述了当下应该采取的行动，以推动学校向前发展？

4. 目标：我们将在何时采取何种行动？在发展为理想学校的过程中，我们应当设立什么样的目标和时间表来记录取得的进展？如何判断我们的集体努力是否有效？

学校通常倾向于回避这些基础性问题，选择直奔专业学习共同体过程的相关细节。这种做法是错误的。如果有教师坚持认为他的任务是教学而不是帮助所有学生学习，如果教职工不了解学校的努力方向，那么这所学校就很难顺利实施专业学习共同体。如果教育工作者拒绝承诺推动学校发展进步，如果他们没有制定规范来监督进展，那么学校在实施专业学习共同体的过程中会举步维艰。因此，我们强烈建议学校领导者与教职工共同思考有关专业学习共同体的基础性问题。

马库斯·白金汉（Marcus Buckingham）是一位全球调研员和思想领袖，他认为最重要的是，任何一个有效组织的领导者都必须明确信息透明的重要性。信息透明指的是，以一致的语言和行动传达组织的目标、组织想要创造的未来、可供组织成员立即采取的具体行动及需要追踪的进程指标。让教职工参与对专业学习共同体四大支柱的思考是实现信息透明的关键。

然而，领导者需要做的不仅仅是邀请组织成员分享观点。专业学习共同体决策的一个基本前提是：所有成员都能共享最有前景的实践。换句话说，教职工必须共同研究专业学习共同体的基础和理论支撑，这样才能更好地回答与之相关的基础性问题。不知情的人往往会做出无知的决定。因此，为了在专业学习共同体内达成共识，领导者必须负起责任，为共同体成员提供所需的信息，以便在实施过程的各个环节做出正确的决策。

协作文化

推进专业学习共同体过程的第二大理念是，学校要想帮助全体学生学习就必须形成一种协作文化，在这种文化中，教职工对全体学生负有集体责任。“这些是我的学生”这种传统说法不再适用，取而代之的是“这些是我们的学生，我们需要共同承担责任来为他们的学习提供保障”。在此，公平问题再次凸显。在传统意义上，教学内容、教学顺序、合适的教学进度、教学评估、干预、知识延伸及教学策略，这些都由个体教师来决定。如前所述，这会让公平变得遥不可及。

专业学习共同体过程要求协作团队的成员共同制定决策，而不是孤军奋战。协作团队需要决定，学生在学习了某门课程或者某个单元之后能够获得哪些知识并具备哪些能力。协作团队需要确定教学内容的先后顺序及各单元合适的教学进度。协作团队需要为各单元设置共同的形成性评估，并就学生作业的评分标准达成一致。协作团队需要明确哪些学生需要教学干预或知识延伸，然后由学校设立相应的体系来确保学生及时获得这些额外的支持。协作团队还需要对学生的学业表现了如指掌，以便反思并改进自身的实践。上述任务无一不需要有效领导力，来确保协作团队落实相应的结构和支持，从而促进有效协作。我们将在导语的后半部分讨论这种领导力的要素。

以结果为导向

推进专业学习共同体过程的第三大理念是，教育工作者必须根据结果，而非意图来评估自身的有效性。如“我们将把技术引入到语言艺术课程中”“我们将开发六种新的共同评估方法”等基于项目的目标将被“SMART”目标[1]取代。“SMART”目标要求教育工作者关注他们的项目和努力将如何影响学生的成绩。“SMART”目标有助于教育工作者关注学生的学业表现。“SMART”目标具备以下特点：

- 战略性——“SMART”目标在战略上与学校和学区的目标相一致。实现“SMART”目标的团队也为实现学校或学区的目标做出了贡献。
- 可衡量的——“SMART”目标提供了一个可比较的基准，通过学生的学业表现来判断他们进步与否。
- 可实现的——“SMART”目标是切实可行的，团队成员相信他们能通过集体努力来实现这些目标。
- 以结果为导向——“SMART”目标关注结果，而非活动或意图。为了实现“SMART”目标，团队必须帮助更多学生达到更高的学习水平。
- 有时间限制——“SMART”目标明确规定了团队实现目标的预期时间。

团队可以也应该为整个学年及在该学年所教授的每个单元制定“SMART”目标。

对于促进专业学习共同体过程成功实施的三大理念，共同探究学习和

[1] “S”指的是“Strategically”，代表这些目标在战略上与学校和学区的目标相一致；“M”指的是“Measurable”，代表这些目标是可衡量的；“A”指的是“Attainable”，代表这些目标是可实现的；“R”指的是“Results-oriented”，代表这些目标以结果为导向（即需要更高水平的学生学习的证据来实现这些目标）；“T”指的是“Time bound”，代表这些目标有时间限制。——译者注

开放对话至关重要。严格的标准和全面的评估本身并不能改进学校，如果教育工作者自我麻痹，认为他们的职责就是教授课程内容，认为他们在独立的情况下才能有最好的工作状态，或者他们评估学生的学业表现，仅仅是为了划分等级，而不是为了反思自身的教学实践，以更好地满足学生的需求，那么再完美的结构和程序也不会对学生的学习产生影响。学校变革需要学校教育文化发生重大改变，这反过来要求教育工作者参加有意义的对话，讨论能够推进工作的假设、信念和期望。

团队和学校需要考虑的关键问题

显而易见，任何致力于帮助所有学生学习的学校都必须使协作团队共同思考一些关键问题。推进专业学习共同体过程中的四个与学习有关的关键问题包括：

1. **我们想让学生学会什么？**——在每个教学单元、课程或学年结束以后，我们希望每位学生获得哪些知识、技能和优秀品格？

2. **我们如何知道学生是否在学习？**——在日常教学及单元学习过程中，我们如何监测学生的学习情况？

3. **当学生不学习时，我们该如何应对？**——我们需要建立什么体系来为学习困难的学生提供额外的学习时间和帮助，使他们获得基本的知识、技能和优秀品格？

4. **对于达到精通水平的学生，我们该如何拓展他们的学习？**——我们需要建立什么体系来为已经达到基本学习标准的学生进行拓展？

在《推动学校变革的协作团队》(*Collaborative Teams That Transform Schools*) 一书中，罗伯特・马扎诺 (Robert Marzano)、塔米・赫夫尔鲍尔 (Tammy Heflebower)、简・K. 霍格 (Jan K. Hoegh)、菲尔・沃里克 (Phil Warrick) 及加文・格里夫特 (Gavin Grift) 提出了另外两个使用数据驱动

式教学的教育工作者需要考虑的另外两个问题：

5. 我们如何提高教学能力？——我们需要建立什么体系来帮助教师提高教学技能？

6. 我们如何在全校范围内协同工作？——我们如何确保学校的所有计划都能以连贯协调的方式推进？

让我们对比一下传统学校和专业学习共同体在解决这六个问题时的相同点和不同点。

我们想让学生学会什么

马扎诺在《什么在学校中起作用》（*What Works in Schools*）一书中，把“切实可行的课程安排”这一术语纳入了教育学专业词汇。他的作品中始终包含以下两个概念：（1）有效学校能让同一年级的学生在学习同一门课程时所学内容相同，不论分配给他们的教师是谁；（2）教师可以在规定的时间内完成课程计划（本书第四章详细阐述了切实可行的课程安排的重要性）。

在解决有效学校教育的关键问题时，学区通常制定相应的课程安排和进度指南，并根据教师所教的年级和课程来分发合适的指南。这种做法经常造成一种假象——这是一种切实可行的课程安排。因为从理论上讲，教授相同课程内容的教师最开始使用的是相同的教学文件。然而，在多数情况下，仅分发教学文件几乎不会对实际的课堂情况产生影响。我们不能假设每位教师都会阅读这些教学文件并做出一致的解读，公平看待每个课程标准，对于不同的课程标准也投入相同的时间，并且有能力教好每一种课程标准。此外，简单将教学文件分发给教师并不能提高教师教学的清晰性，也不会让教师承诺为学生提供一个切实可行的课程安排。

正如我们在《学习的领导者》（*Leaders of Learning*）一书中提到的，

可以真正保证学校课程质量的唯一方法是，授课教师合力做到以下几点：

- 预先研究课程体系；
- 就课程优先顺序达成一致；
- 明确如何让学生从课程中汲取知识和技能；
- 制定总体课程进度的指导方针；
- 承诺实际教学与预先商定课程一致。

各州和学区可以设定预期的课程安排，但得到实施的课程安排（教师在课堂上教授的课程）对学生获得的课程安排（学生真正学到的课程内容）有更大的影响。开展数据驱动式教学的学校要求专业学习共同体制定一个严格且切实可行的课程安排，能够反映出他们追求卓越和公平的承诺。

我们如何知道学生是否在学习

同样显而易见的是，致力于确保所有学生都能以高水平学习的学校应该有一个持续监督并支持每个学生学习的流程，包括每天在课堂教学中检查学生的理解情况。协作团队成员应该能够协同改进策略，进行持续的检查。例如，教师可以针对学生学习过程中至关重要的内容进行提问，让学生写出简短的回答或者观察学生解决问题的过程，然后使用白板、“遥控器”系统或留言条收集学生的反馈，以获取他们对所学内容的理解情况。这种日常的形成性评估旨在帮助教师评估学生的理解能力，并做出相应的教学调整。它还能提醒学生注意容易引起困惑或误解的地方，以便寻求适当的帮助。

但是，专业学习共同体评估过程的基础是团队开发的共同形成性评估，每个单元至少执行一次这种共同形成性评估。团队使用相同的方法和工具，根据商定的评判学生作业质量的标准，评估期望获得相同知识和技能的学生。

广泛的研究为共同评估的有效性提供了支撑，支撑形成性评估的研究更令人信服。迪伦·威廉（Dylan Wiliam）和玛尼·汤普森（Marnie Thompson）认为，有效利用由教师学习共同体开发的形成性评估，不仅有望最大限度地提高学生的成绩，还能为教师专业发展提供资金支持。马扎诺将形成性评估描述为“教师最强大的武器之一。有效的基于标准的形成性评估能够极大提高基础教育（K–12）体系中学生的成绩”。此外，詹姆斯·波帕姆（W. James Popham）写道，“大量研究结果表明，使用形成性评估以后，学生的学习情况变好了，而且好得多”。

毫无疑问，团队开发的共同形成性评估有助于促进公平，因为设置评估类型、评估难度和评估标准的是一个教师团队，而不是个别教师。然而需要强调的是，这些评估也包含追求卓越的目的。当教师清楚他们想要学生学会什么，并且知道如何让学生展现自身的学习水平时，他们就能更有效地帮助学生学习。

此外，当教师使用这些共同形成性评估，来检验教师个人和团队的实践所产生的影响时，他们就会感受到一种有助于提高教学水平的强大催化剂。在专业学习共同体中，教育工作者在检查学生的学业表现时需要遵守一定的规约。第一，教师需要确定，有哪些学生学习困难，需要额外的时间和帮助。第二，他们需要确定，哪些学生表现出较高的学习水平，需要拓展学习。提供这种干预和拓展是学校计划的一部分，以更好地满足个体学生的需求。

之后，团队将注意力转向特定教师所教学生的表现。如果某位教师所教的学生表现得特别出色，团队就会要求该教师分享教学取得成功的策略、想法和资料。如果某位教师的学生学习困难，团队会提供建议、援助和资料，来帮助该教师提高教学水平。团队通过学生的学业表现来推动团队成员不断学习进步。

凯瑞·派特森（Kerry Patterson）和他的同事在一项关于“影响人们做出改变的因素”的研究中发现，“没有什么比冷酷世界的当头棒喝更能改变人的思想”。理查德·埃尔莫（Richard Elmore）也得出了相似的结论，他写道，“教师必须感受到一些令人信服的理由来让他们做出改变，最好的直接证据就是：学生的学习产生进步”。

当协作教师团队分析一个共同形成性评估所产生的结果时，学生的学业表现无疑是最佳评估对象。如果有教师发现他的学生高质量完成作业的能力不足，而当团队其他老师所教的学生始终有高质量的表现时，就能说服该教师重新审视自己的预设。正如埃尔莫所写的，“当教师看到学生做出难以置信的事情时，他们对孩子们的学习能力的看法就会有所改变”。有具体的证据为无可辩驳的有效结果做支撑，这具有强大的说服力。

共同形成性评估也可以通过积极的同事压力来改变教学实践。我从未见过哪位教师漠不关心同事对其教学能力的看法。如果一位教师所教的学生始终不能在共同形成性评估中表现出精通的学习水平，那么这位教师要么寻找方法提高教学能力，要么在不公开学生成绩的学校任职以来掩饰自己的不足。不幸的是，这样的学校不在少数。

当团队负责一个共同形成性评估时，可能会产生另一种结果。如果团队中没有教师能帮助学生展示预期的知识和技能，怎么办？如果团队一致认为某个技能或概念对学生的成功至关重要，并且同意共同形成性评估能可靠地确定学生是否已经达到精通的学习水平，那么该团队就有责任关注自身的专业发展，以便更有效地教授这项技能或概念。该团队还可以寻求其他方面的帮助，比如学校或学区的教育工作者、中心办公室的专家、私人教师、教育工作者网站或者有关该主题的研讨会。换句话说，学生的学习需求能够促进教师的专业发展。

当学生不学习时，我们该如何应对

即使在最好的学校，教师尽了最大的努力并制定了最全面的计划，也会有一些学生在教学单元结束时未能达到预期的目标。在传统学校里，个体教师负责每个学生的学习。这时候，教师就会面临一种困境。一方面，课程安排要求推进教学进度，教师希望他的学生都能学习新的内容（或者有学习机会）。班里的大多数学生也做好了学习新内容的准备。但另一方面，有些学生尚未为开展下一单元的学习打好基础。学校要求教师不能让任何一个学生掉队，那么教师该怎么做？给大多数学生布置几天的额外作业，然后空出时间帮助那些学习困难的学生？或者继续推进教学进度，寄希望于基础不牢的学生自己打好基础？想象一下，这位教师每天需要给150多名高中生上课。在这样的情况下，教师的任务不是“困难”二字能形容的，而是不可能完成的。

在传统学校里，每位任课教师都必须解决上述问题。教师在面对“学生不学习时会发生什么？”这一问题时所产生的分歧，有力印证了传统学校模式内在的不公平。有些教师允许学生重考，有些教师不允许。有些教师在给学生的论文或项目打分之前会提出反馈意见，有些教师只是简单打分。有些教师会和家长保持联系，让他们了解学生的学习情况，有些教师不会。有些教师起早贪黑帮助学习困难的学生，有些教师不会这样做或者不能这样做。有些教师不会因学生迟交作业而做出惩罚，有些教师会扣分，而有些教师不接受迟交作业，并且会给学生打零分。有些教师根据平均分数给定期末成绩，有些教师认为早期的努力是形成性的。当学生学习有困难时，教师总是希望把这些学生分配给其他教师，而自己会拒绝别的教师的学生，这或许最能证明教师在面对学习困难的学生时的不同做法。

专业学习共同体的教育工作者会认识到传统教育系统内在的不平等，共同建立一个系统化流程，为学生提供额外的学习时间和帮助，而不论分配给学生的教师是谁。在总日程表上，额外的学习时间会安排在正常的上学日，这样一来，学生既能获得额外的帮助，也不会错过正常授课。干预系统需要频繁且及时地监督每个学生的学习情况，一旦学生学习困难，就为他们提供额外的学习时间。在达到精通学习水平之前，学生将持续获得这种帮助。

让我们把上述原则应用到下面这一难题中：教师在教授一个课程单元之后发现，大多数学生都达到了预期的标准，但有少数学生没有达到该标准。在专业学习共同体中，该教师需要确保学习困难的学生获得额外的学习时间和有针对性的帮助，然后才能教授新的课程单元。因为协作团队曾就教学单元的基本标准或优先标准、进度及共同评估达成一致，提供干预的教师知道学生需要哪些帮助。团队应该指出“这些学生需要两位数整数减法方面的帮助”，而不是“这些学生数学学得不好”。当这些学生的教师相信学生能熟练掌握预期的技能时，他们就会更新给学生的初始评估（即形式B），学生就会获得新的分数来替代之前较差的分数。

传统学校通常在这样的预设下运行：他们为学生提供固定的学习时间和帮助。在176个教学日中，每个学生每天将获得60分钟的语言艺术指导。每个学生都会得到教师同等的关注和帮助。但是，如果每个学生获得的学习时间和帮助是常量，那么学习效果就是一种变量。在获得同等时间和帮助的情况下，有些学生能学会，而有些学生学不会。

专业学习共同体承诺让每个学生都能进行高水平学习，所以学生获得的学习时间和帮助是变量，而学习效果是常量。或许大多数学生每天学习60分钟，在3周之内就能掌握一项技能，而其他学生可能每天需要学习90分钟，4周才能熟练掌握这项技能。专业学习共同体不会这样表述：“我们的使命是帮助所有学生快速学习，并在第一次教授技能时，学生就能学会”，而是会这样表述：“我们的使命是帮助所有学生学习。”为了忠于这一使命，教职工必须建立一个体系，以确保学生获得所需的额外时间和帮助。

有些学校在尝试这样一种干预系统：教师停止新的直接教学，在班级里创建不同的小组，在干预和拓展的时间内满足不同学生的需求。毫无疑问，这种策略优于传统实践，但它不是专业学习共同体的首选策略。原因有三：第一，它沿用了这样一种观点，即一位教师必须对一个特定的学生群体负责，而不是与一个教师团队共同为所有学生的学习负责。第二，对于教师来说，同时满足学生获得干预、实践和拓展的需求是一项非常复杂的工作。第三，千篇一律不是满足学生需求的最佳策略。一个依靠整个团队或干预专家团队的干预系统给学生提供了一种聆听新声音的机会，或许也为学生提供了一种学习技能的新策略。

对于达到精通水平的学生，我们该如何拓展他们的学习

如果一所学校只专注于帮助学生达到相应的年级标准或者课程标准，就给学生的学习机会设置了人为的上限。比如，伊利诺伊州林肯郡的阿德莱·史蒂文森高中承诺让“每个学生都能获得成功”，并对该承诺做出了解释，确保每个学生在高中毕业时都能有较高的学习水平，这是在大学或职业培训中获得成功所必需的。该校曾设立限制和先决条件来阻止学生学习大学预科课程以外的内容，以此阻碍了先修课程（AP）项目中大学水平课程的开展。

随着时间的推移，教师们逐渐意识到，许多学生在高中阶段就能成功修完大学水平的课程。因此，他们现在提供一种广泛的先修课程项目，并鼓励所有准备上大学的学生在高中时就参加该项目。学校还为需要帮助的学生提供辅导支持，以便完成该项目。以上做法最终取得了显著的成果。自20世纪80年代初以来，成功修完先修课程的高中毕业生比例从7%增加

至90%，学生的先修课程考试的标准成绩达到了5分，创下了历史新高。

史蒂文森高中的每个部门都尽全力为能力突出的学生提供学术竞赛的机会，让他们能够挑战自我，学习传统高中课程以外的知识。这些竞赛为学生和教师提供了外部基准，来评估学校在拓展表现优异的学生学习方面所产生的影响。

弗吉尼亚州费尔法克斯县的梅森·克雷斯特小学是一所美国国家认可的一级学校，它采用了不同的方法来拓展学生的学习。在对每个单元的规划中，协作团队不仅明确了该单元的基本标准和共同形成性评估，还在单元末为表现优异的学生制定了拓展学习的计划。一些团队成员帮助需要干预的学生，一些团队成员帮助需要附加练习的学生，一些团队成员帮助需要深入探究该课题的学生。

本书第五章阐述了一种熟练等级法，以拓展达到精通水平学生的学习。简言之，致力于让所有学生都能高水平学习的学校不会为学生的学习设置人为的上限。

我们如何提高教学能力

如前所述，马扎诺及其同事向开展数据驱动式教学学校的协作团队提出了第五个需要思考的问题：我们如何提高教学能力？这个问题很有价值，思考这个问题的学校致力于确保有更多的课堂在更长的时间内开展更优秀的教学。因此，一旦一个团队就基本标准及如何评估学生的学习达成一致意见，该团队的成员就能从如何最好地教授该基本标准的交流过程中获益。

我完全支持这种观点。但是，我也必须提出警告。预测一位教师将如何进行单元教学的最好方法是看他以往的教学方式。因此，在不了解学生的学业表现时，有关不同教学实践的讨论很容易以这样的方式告终，比如："我喜欢这样教"或者"我一直都是这样教的。"正如约翰·哈蒂(John Hattie)所提出的，当反思性教学具有集体性(涉及一个教师团队而不是一个独立的教师)且基于学生真实的学业表现时，它才最有力量。

马扎诺认为，成功教学的最终标准是学生的学习情况，而不是个别教师的行为举动。对此，他提出了相似的建议，"需要吸取的教训是，教育工作者必须始终关注某一特定策略是否正在产生预期的结果，而不是简单地假设只要采用了某一策略，就会产生积极的结果"。因此，尽管在单元教学之前，团队成员可能会从关于教学策略的讨论中受益，但这种讨论永远不应该取代关于策略有效性的集体分析，这种集体分析基于学生在单元教学期间和单元教学之后的实际学业表现。

我在序言部分曾提到过，学校提高教学能力最有效的方法之一是让协作团队集体分析共同形成性评估的透明结果。在阅读第三章时，需要把这条重要内容谨记于心。

我们如何在全校范围内协同工作

我认为这个问题极为重要。马扎诺和他的同事将这一问题加入致力于改进学校的数据驱动式教学模型中。事实上，我和我的同事已经把非随意性的、协调的、全校范围的努力作为我们工作的核心原则。想要开展数据驱动式教学的学校必须解决许多学校都有的武断和反复无常的做法，也必须坚持让所有教职工遵守协调的系统和流程，这样一来，学校才能追求卓越和公平。

最终，学校领导者需要负起责任，确保全体教职工为了学生的利益团结协作。对此，有效领导者可以营造一种张弛有度的学校文化，或者建立马扎诺和蒂莫西·沃特斯(Timothy Waters)所说的"明确的自主权"。这种学校文化使得某些清晰易懂的优先级、流程、实践和参数变得不再随意，学校文化中的要素变得严谨明确，有效领导者会直面那些违反或忽视这些参数的人。但是在那些严格的参数内，文化是松弛的，这意味着个人和团队都能制定决策，并享有很大的集体自主权。

在参与学校工作的过程中，我和我的同事认为，专业学习共同体过程必须严格遵守以下三个要素：

1. 学校的基本结构是协作团队，团队成员需要团结互助来实现共同的目标，并对所有学生的学习负有集体责任。

2. 每个协作团队都需要做到以下几点。

a. 以教学单元为单位制定切实可行的课程安排，为所有学生提供获得基本知识、技能和优秀品格的机会，不论他们的教师是谁。

b. 协作团队所使用的评估流程需要包括团队开发的周期性共同形成性评估，以便及时监督每个学生的学习情况。

c. 采用一种数据分析协议，通过学生的学业表现来支持、了解和改进团队成员的个人实践及集体实践。

3. 学校需要制定一个全校范围的干预和拓展计划，确保学习困难的学生能够以及时、直接、协调和系统的方式获得额外的学习时间和帮助，并给予那些成绩优异的学生额外的时间和帮助来拓展他们的学习。

教育领导力领域的一个新兴认识是，没有任何个人拥有足够多的专业知识、能力和影响力来实现实质性的学校变革。因此，学校领导者必须从一开始就直面挑战，建立指导联盟或领导团队，这将有助于引领学校渡过实质性文化变革可能引起的动荡。校长应当以其他教职工的尊重程度为基础来挑选指导联盟的成员。他们应该选择有社会资本的人，即帕特森等人所说的有影响力的人，这样的人会获得同事足够的信任，如果他们支持一个观点，其他人可能也会支持。

以下是指导联盟的一些重要任务：

- 为专业学习共同体过程打造共享基础：我曾描述过该任务，它包括使命、愿景、集体承诺及目标。聚焦使命、愿景、集体承诺及目标这四大支柱为专业学习共同体过程奠定了坚实的基础。
- 建立一种共通交流体系，让人们对关键术语的理解达成一致：如果校长希望协作团队建立共同规范、切实可行的课程安排以及共同形成性评估，但是教职工对术语的含义有着不同的理解，那么这些术语就不会产生什么影响。
- 促进信息共享：再次强调，专业学习共同体决策的一个重要方面就是共享信息，比如共享学校现状，以及能够改善学校现状的最有前途的且以事实为依据的实践。
- 明晰正确的工作：协作在道德层面上是中立的，如果不能明确应该进行的工作或者工作的质量指标，该团队很可能会陷入困境。
- 形成系统来监督协作团队的工作进展：通过监督其协作团队，学校可以在团队陷入困境时迅速找到解决方案。
- 营造一种表彰文化：表彰文化应当强化教职工的集体承诺，并推动学校朝着共同的愿景前进。

不应该只有协作团队对学生和他们的学习负责，领导者也应该有责任心，对帮助学生获得成功的协作团队负责。

相互问责制

“领导力”这一术语有很多定义。我和我的同事更为认同这一定义：领导力就是创造条件，让他人能成功完成被要求做的事情。这意味着，中心办公室领导者、校长及指导联盟成员之间必须相互问责。为了让协作团队负责参与某些过程及完成某些任务，各级领导必须承担起自身的责任。这样他们就能为团队的成功提供所需的知识、资源、培训及持续的支持。

有效领导者在以下方面遵循相互问责制：

- 将教育工作者组织成有意义的团队
- 为有意义的协作提供充足的时间
- 明确需要完成的工作及其重要性
- 监督团队的工作并为团队提供支持
- 直面那些没有为协作团队做出贡献的个人和群体
- 表彰前进路上取得的每一个小成就

将教育工作者组织成有意义的团队

我们可以采用多种方式将教育工作者组织成团队。纵向团队由不同年级组成，比如一个小学二年级团队或者一个包括初中和高中乐队指挥的团队。跨学科团队通常将特定年级不同学科的教师组织到一起，比如七年级的语言艺术教师、数学教师、科学教师及社会研究教师。通过技术可以让个人与网络团队联系起来，比如包括一个学区所有美术教师的团队。

很多研究指出，最能有效提高学生成绩的团队通常由同一课程的教师或同一年级的教师组成，比如某一所学校的所有代数教师或所有二年级教师。这样的结构适合协作团队来共同探究学习，因为团队成员对解决协作过程中的六个关键问题有着内在益处。

创建虚假团队的领导者会破坏专业学习共同体过程。我们曾见过有校长创建了一个冗余团队。例如，校长可能会发现，几乎所有教职工都能轻松融入特定课程的团队，但是还有三名教师（一名舞蹈教师、一名汽修教师、一名乐队指挥）仍未得到分配。这时候，校长就会要求这三名教师组成一个团队，但是校长和团队成员都不知道这三名教师应该完成什么。领导者应该将专业学习共同体的每个成员分配到团队中，每个团队都应该明确自身的目标——改善学生和成人的学习情况。如果团队结构优势不明显，领导者应该让教师参与对话，来讨论可能的团队结构，并了解他们所认为的最有利的团队结构。

为有意义的协作提供充足的时间

我和我的同事在《从实践中学习》（*Learning by Doing*）第3版中写道：

> 相互问责制要求：领导者在要求教育工作者组成协作团队的同时，也要提供时间让这些教育工作者在规定的日期会面。我们认为，任何学区或学校的领导者只强调协作的重要性而不为协作提供充足的时间，这样毫无诚意。资源分配是组织展示其优先权的方式之一。对于学校来说，最珍贵的资源是时间。因此，学校及学区的领导者必须为教师提供时间去完成任务。

一些学校和学区的领导者无法找到时间让教师进行协作，对此，他们只是表示惋惜。然而，没有哪个协作团队的时间是随意找到的，他们只能腾出时间协作，因为他们认为有意义的协作拥有绝对的优先权。专业文献通常能有效解决寻找协作时间的问题，那些真正有兴趣探索这些替代方案的人很容易获得这些文献。"AllThingsPLC"网站的"工具与资源"网页提供了多种策略，为不需要额外资源的教育工作者腾出协作时间。读者可以访问该网站的"查看证据"网页，了解数百所学校如何为教育工作者提供协作时间，以及他们主动分享的策略和工作计划。

把教师组织成有意义的团队并为他们提供充足的时间进行协作，这是相互问责制的两个首要要素，也是有效学校领导者可以解决的结构性问题。相互问责制的其他方面不仅仅需要管理技能，还需要领导力。

明确需要完成的工作及其重要性

学区和学校的领导者在支持专业学习共同体的协作团队发展时，需要确保所有的团队成员都能明确需要完成的工作及其重要性。无效或低效的团队会议会造成犬儒主义，让教师与团队协作产生不愉快，加深学校中普遍存在的孤立现象。

我和我的同事在《从实践中学习》一书中写道：

> 我们发现，有些学校的教职工愿意在许多事情上进行协作，比如着装规范、有关迟到的规定及万圣节派对的合理性，但前提是，他们能够回归课堂并继续做他们一直做的事情。然而，在专业学习共同体中，把教师组织成团队、为教师提供协作的时间及要求教师聚焦特定主题并完成特定任务的原因在于，当教师回归课堂的时候，他们将会掌握并利用所得到拓展的技能、策略、材料、评估和想法，以便以更积极的方式提高学生的成绩。
>
> 因此，相互问责制最关键的要素之一是，学区和学校领导者必须明确参数和优先级，指导团队协作，朝着改善学生学习的目标前进。

指导联盟可以与协作团队合作建立一个时间表，以完成专业学习共同体过程中的任务，这样能够促进团队成员明确需要完成的工作及其重要性。若采纳这种做法，应当提供这些重要任务背后的基本原理，并提供例子来展现什么是高质量工作。例如，假设一个指导联盟创建了以下四个活动的时间表，来指导协作团队的工作。

1. 在开学之前，利用专业发展日制定并展示我们的团队规范和“SMART”目标。

2. 在开学的第二周，列出学生在整个学年应该获得的基本知识、技能和优秀品格。

3. 在开学的第三周，实施由协作团队研发的共同形成性评估。

4. 在开学的第四周，根据团队研发的共同形成性评估所得出的学生的学业表现，完成我们的第一次数据分析。

需要指出的是，每项活动都应当产生一个结果，这个结果来自从事正确工作的协作团队。对于时间表要求协作团队创造的结果，指导联盟将展示基本原理来证明为什么该结果对团队的工作至关重要，并展示该结果的高质量示例。我和我的同事专门撰写了《从实践中学习》一书，为协作团队提供有关专业学习共同体不同方面的基本原理、示例和规范，以指导他们的工作。当教育工作者不仅知道如何执行具体任务，还知道他们的工作对实现更大的目标有何帮助时，他们就能为组织的成功发挥重要作用。

监督团队的工作并为团队提供支持

领导者所关注的事情可以有力传达他们的侧重点。那些仅仅敦促团队“去协作”，却没有监督团队工作进展的领导者，向我们传递了这样的信息：他们并不认为团队工作有多重要。此外，如果领导者没有一个监督团队协作的工作流程，团队一旦陷入困境，就无法再成为一个高绩效团队。

然而，监督不同于微观管理。如前所述，当教师了解团队需要产出的工作成果、工作成果的预期质量及时间表要求的向学校领导者提交工作成果的流程时，监督效果最佳。如果一个团队不能产出成果，或者因缺乏明确的工作质量预期而不能协同工作，那么这个团队就需要额外的支持。相反，如果团队能够按照协定的时间表顺利地产出高质量的工作成果，那么这些团队将从已有的更大的自主权中受益。在高绩效的专业学习共同体中，协作团队具有明显的自我导向性。

设立团队领导者能够确保团队和学校领导者之间的沟通渠道保持畅通。这不仅扩大了领导范围，也为学校领导者提供了另一种监督团队工作的途径。校长应定期与团队领导者会面，明确并监督这些领导者如何带领同事完成专业学习共同体的不同任务，并就遇到的问题、存在的疑虑和取得的成功进行交流。

有效团队领导者在培养同事的自我效能感方面能够发挥重要作用。这样，即使校长和其他关键教职工最终离开了学校，也不会迷失目标或方向，因为学校培养了许多可以继续支持这项工作的领导者。

直面那些没有为协作团队做出贡献的个人和群体

有时领导者未能有效传达组织目标和侧重点，最常见的原因是，他们的说法与做法脱节。《服务型领导者》（*The Servant Leader*）的作者詹姆斯·A. 奥特里（James A. Autry）向学校领导者提出建议：

> （组织中的其他成员）只能通过观察你的行为来确定你是谁。他们看不到你的内心，他们不知道你的想法和感受，他们无法下意识地察觉你的同情、痛苦、快乐或善意。换句话说，你的行为是你在工作场合展现自身性格、人格和精神的唯一方式。

有效沟通的关键不在于领导者的口才，而在于他们的言行是否一致。如果出现明显与组织所宣称的目标和侧重点背道而驰的问题，而领导者又不愿解决，那么没有什么比这更能摧毁领导者的信誉了。团结型文化的本质是，我们必须直面所有与团结文化不一致的行为。我从未发现在团结型学校文化中，有校长不愿直面学校内部个人或群体的不当行为。

表彰前进路上取得的每一个小成就

在开展全方位的改进工作时，每个组织都将面临保持发展势头的挑战。那些组织变革进程的专家们就这一挑战提出了一致的建议：制定计划来表彰前进路上取得的每一个小成就。

通过表彰活动不断重申组织的目的和侧重点，团队成员则更有可能接受这个目的，并朝着商定的侧重点努力。定期公开表彰具体的协作成果、完成的任务、实现的目标、团队学习、持续的进步以及对学生学习的帮助，将提醒教职工在创建专业学习共同体时的集体承诺。“recognize”一词来源于拉丁语，意为“再次了解”。表彰提供了这样一个机会，“让我们都被提醒并再次明白什么是重要的、什么是我们重视的以及什么是我们承诺要做的。现在，让我们都来表彰我们学校中践行这一承诺的团队或个人。”

计划表彰和希望表彰之间是有区别的。专业学习共同体的领导者在整个工作过程中确定具体的基准，并做好公开表彰那些基准的准备。这时候，他们需要牢记以下四个表彰原则。

1. 明确表彰的目的：不断提醒教职工，表彰活动不仅是加强学校或学区的共同使命、愿景、集体承诺和目标的重要策略，也是推进专业学习共同体的最有力工具。

2. 让表彰成为每个人的责任：不仅仅是行政人员，每位组织成员都有责任表彰杰出的贡献。鼓励所有教职工公开表达对同事工作的赞赏和钦佩。

3. 建立表彰活动与你试图鼓励和强化的行为或贡献之间明确的联系：表彰活动必须与学校或学区的使命、愿景、集体承诺及目标明确联系起来，因为表彰活动有助于塑造学校文化。我们试图通过表彰活动来鼓励什么样的行为或贡献？这一问题应该有一个明确的答案。

4. 创造机会让更多人获得表彰：如果人们认为表彰是少数人的专属，那么表彰活动可能会引起混乱和损害。推进专业学习共同体需要创建一个独有的系统，不仅要提供表彰活动，还要确保表彰活动是对多数人的认可。

我们可以过度表彰吗？当然可以！我们应该把表彰团队或个人的真诚程度作为评估表彰是否恰当的标准。表彰应当体现真诚及由衷的赞赏与钦佩。如果表彰确实符合这一标准，那就不必担心过分表达感激之情。

CHAPTER

1

高可靠性组织和学校领导力

理查德·杜福尔撰写的本书导语为在专业学习共同体过程的基础上开展数据驱动式教学做了铺垫。毫无疑问，专业学习共同体过程，尤其是理查德及其同事所阐述的内容，让我们能够实现真正的数据驱动式教学的愿景。

重要的是，要牢记专业学习共同体过程和数据驱动式教学模型是相互独立发展的。专业学习共同体过程起源于专业合作的文献及反思性实践。20世纪90年代，"专业学习共同体"这一术语开始在教育界流行起来。这些早期研究指出，正是理查德·杜福尔及其同事的工作巩固了专业学习共同体过程在基础教育（K–12）体系中的性质和重要性。

高可靠性组织（High Reliability Organization, HRO）的概念起源于对高度动荡局势的研究。G. 托马斯·贝拉米（G. Thomas Bellamy）及其同事做出如下阐释：

> 有关高可靠性组织的研究从一系列的实证调查发展而来，这些实证调查的对象包括灾难性事故、未遂事故以及克服艰难险阻取得

成功的组织。相关的文献起源于佩罗对三里岛核事故的分析，此后经过一系列的讨论发展而来，这些讨论包括：类似的事故是否不可避免，或者如佩罗所建议的那样，是否可以借鉴在高风险条件下成功运营的组织所使用的策略来避免类似的事故。尽管这些文献与提升高可靠性组织有效性和质量的相关研究有一定的相似之处，但在主流的组织理论中，高可靠性组织被视为外来的异类，因为高可靠性组织在灾难性后果和交互复杂技术方面有着独特的潜力。

贝拉米及其同事普及了这一理念——将高可靠性组织的概念应用于基础教育（K–12）体系。

这两种不同的理论和发展路线相结合，构成了本书的基础。正如书名所示，本书将从领导力的角度讨论专业学习共同体在开展数据驱动式教学过程中的积极作用。

本书的一个核心原则是，有效领导力应当以高可靠性组织为背景。这就需要一个特定的过程，来收集、分析并阐释学校日常产出的某些特定类型的数据。当数据表明某些事情已经出错或即将出错时，学校必须立即采取纠正措施。当数据表明一切正常时，学校应当给予适当的认可和表彰。这种信息循环的本质特征是，它以极高的效率运作并高度关注细节，以至于一所学校可能认为自己在持续改进方面高度可靠。

这种方法将学校领导者性格特征的重要性最小化，将领导者采取的基于数据的关键行动最大化。有效领导力并非取决于某种特定的人格类型或者某种特定的行动，而取决于旨在推动持续改进的明智之举。

在深入讨论这种领导力之前，我们认为有必要简单总结一下以往有关学校领导力的研究。

早期的学校领导力和有效学校

在20世纪60年代末和70年代初的有效学校运动中，学校领导力在高绩效学校中的重要性开始显现。1979年，罗纳德·埃德蒙兹（Ronald Edmonds）在《城市贫民的有效学校》（*Effective Schools for the Urban Poor*）这篇开创性文章中，首次提出了有效学校的相关因素。他列出了6个变量，其中包括强大的行政领导力。到了1982年，埃德蒙兹在一篇名为《学校改进计划：概述》（*Programs of School Improvement: An Overview*）的论文中，将变量缩减，最终得出5个广为人知的有效学校的相关因素。在该论文中，埃德蒙兹指出，有效学校有以下几个特点：

1. 校长的领导力体现在高度重视教学质量。

2. 制定了一个普遍的且被广泛理解的教学重点。

3. 营造了有利于教与学的安全有序的环境。

4. 教师的行为能够传达一种期望，即所有学生至少掌握最基本的知识。

5. 把学生的成绩作为项目评估的基础。

在这个时代，当然不止埃德蒙兹一位研究者意识到学校领导力对学生成绩的重要性，还有许多人也把学校领导力视作一个重要的变量。在有效学校运动早期，虽然教育领导力的明确定义尚未出现，但研究者知道这是一个关键因素。那么，如何培养有效学校领导者呢？事实证明，有效学校领导者有许多相同的特点。

有效学校领导者的特点

自1979年埃德蒙兹首次提出有效学校的相关因素以来，研究界不断更新有效学校领导者的特点列表。值得注意的是，不论研究基础如何更新，关于“哪些学校领导力因素（尽管命名和描述不尽相同）会影响学生的学习”这个问题的结论似乎都是相同的。换句话说，随着对学校领导力的研究不断深入，相同变量似乎会上升到最具影响力的位置。

罗伯特·马扎诺、蒂莫西·沃特斯和布莱恩·麦克纳尔蒂（Brian McNulty）完成了一项关于学校领导力的早期元分析。此后，出现了一项最大规模的、最全面的关于学校领导力实践的研究——《调查改善学生学习的因素：研究结果的最终报告》（*Investigating the Links to Improved Student Learning: Final Report of Research Findings*），该研究至今仍能反映对学生成绩的影响。受华莱士基金会的委托，明尼苏达大学和多伦多大学的研究人员开展了这项为期多年的研究。研究结果表明，有四大类领导力职能和16种领导力实践会影响学生的成绩，它们包括：

1. 设定方向

a. 构建共同愿景

b. 提高团队目标的接受度

c. 创造高绩效要求

d. 沟通方向

2. 培养人才

a. 提供个性化的支持和关怀

b. 提供智力启发

c. 培养合适的价值观和习惯

3. 重新规划组织

a. 营造协作文化

b. 调整组织结构以支持协作

c. 与家庭和社区建立富有成效的关系

d. 把学校与更广泛的社区联系起来

4. 管理教学计划

a. 为教学计划配备人员

b. 提供教学支持

c. 监督学校活动

d. 减少对教职工工作产生的干扰

e. 整合资源

2016年，达拉斯·汉布理查德·希特和帕梅拉·D. 塔克综合分析了影响学生学习的领导力特征的相关研究。不同于某些关于学校领导力的综合分析，希特和塔克的综合分析只关注同行评议的实证研究。他们确定了三个符合标准的广泛领导力框架，并将它们组合成一个新的混合框架。这三个框架包括奥兰多领导力框架、以学习为中心的领导力框架和基本支持框架。经过综合分析，希特和塔克得出了以下5个影响学生成绩的因素：

1. 构建和传达愿景

2. 为学生提供高质量的学习体验

3. 专业能力建设

4. 创建一个保障学习的组织

5. 与外部伙伴建立联系

此外，他们还明确了在5个领域中的28种实践。这5个领域和28种领导力实践进一步佐证，多年来多组研究人员的研究结果具有一定的相似性。

如前所述，研究结果的相对一致性在学校领导力研究史上令人瞩目。也许有人会说，教育工作者已经充分理解了研究文献中的领导力因素，这是他们的本职工作。不幸的是，这种强化的知识并没有转化为连贯的行动理论来提高学生的成绩。我们认为，必须从高可靠性视角将我们对领导力的了解转化为具有可操作性的知识。

高可靠性视角

高可靠性组织的概念在普通文献中出现已久。例如，在20世纪80年代中期，加利福尼亚大学伯克利分校启动了一个高可靠性组织项目。该项目团队开始研究一些高风险组织，这些组织不仅规避了失败，而且随着时间的推移，他们比同行业的其他组织更能维持成功。玛蒂尔德·布里尔（Mathilde Bourrier）在一篇名为《高可靠性组织理论的遗产：人种学视角》（*The Legacy of the Theory of High Reliability Organizations: An Ethnographic Endeavor*）的论文中，经过一系列推理得出结论，即高可靠性组织非常注重使用数据制定决策，而这些决策本身注重持续改进。高可靠性组织的另一个重要特点是，它们认识到组织日常运作中的诸多系统高度相互依赖。布里尔指出：

> 高可靠性组织的相关文献证实了，一方面，安全性与可靠性是卓越技术和杰出文化相结合的产物，另一方面，它们还是组织设计的结果，即组织的选择和分配会对安全性和可靠性产生极大的影响。因此，我们必须不断质疑和反思这些决策。

卡尔·E. 维克（Karl E. Weick）和凯瑟琳·M. 萨特克里夫（Kathleen M. Sutcliffe, 2007）在分析了高可靠性组织的相关文献之后得出了相似的研究结论。

最初，关于高可靠性组织的文献和研究主要集中在高风险行业，但高可靠性组织的概念不断发展，现在，文献和研究已涉及医疗保健、石油和天然气、运输及国际贸易等专业行业。2014年，汉彬州全球咨询公司（North Highland）就高可靠性组织这一概念发表了一篇论文，该论文指出，“实施一致、可持续和低失误的运营方式的组织，以明确且高质量的决策和管理为基础”。汉彬州全球咨询公司从5个方面阐述了高可靠性组织所实施的运营方式：

1. 努力提升对失误数据分析的关注程度和效果。

2. 让组织的所有成员和层级都参与问题解决和预防的过程。

3. 提高对细节的警觉性，让所有成员都能通过数据检查和预测来发现环境的细微变化。

4. 关注组织需要做的事情以持续实现绩效目标。

5. 成为一个“有心的”组织；让个体在角色发展过程中不断与组织的其他成员互动，来促进持续的思考和学习。

虽然多个行业已经出现了高可靠性组织的示范，但学校还未采取过这样的运作方式。不过，一些教育工作者呼吁学校开始采取高可靠性视角。萨姆·斯特林菲尔德（Sam Stringfield）迈出了第一步，他表示，学校应该使用高可靠性的实施办法进行学校改革。萨姆·斯特林菲尔德认为，任何基于学校的改革都应该使用高可靠性的策略来增加可靠性。自1995年以来，要求采纳高可靠性组织的呼声给学校带来的压力不断增加。正如G. 托马斯·贝拉米等人所述：

> 对于学校和学生来说，失败的风险已经如此之高，以至于高可靠性已经成为关乎学校成功的一个重要方面。学校现在面临着规避失败、缩小学生成绩差距的挑战——简而言之，就是确保所有学生都能获得高可靠性的学习。

随着《让每个学生成功法案》（*Every Student Succeeds Act*）的实施，学校的压力与日俱增。美国教育部表示，“该法案首次要求，美国的所有学生都能接受高标准学术教育，为升学和就业做好准备”。为了确保所有学生都能进行高水平学习，学校和教职工需要采取高可靠性方案。

在分析高可靠性组织的过程中，贝拉米等人明确了与高可靠性有关的三种功能：

1. 改善常规的运营方式

2. 检测潜在的问题

3. 从困境中恢复

这三种功能是学校框架的可靠基础。数据驱动式教学模型建立在该项工作的基础上，并具有自身的领先指标和滞后指标。

领先指标和滞后指标

高可靠性视角的核心是，监督组织为提高其有效性而采取的行动与这些行动实际产生的效果之间的关系。高可靠性组织的相关文献把组织为确保成功所做出的行动称为领先指标，把领先指标产生的实际效果称为滞后指标。领先指标和滞后指标是高可靠性组织运营过程中的基石。

从这一角度来看，大多数关于学校领导力的研究文献倾向于用领先指标来陈述研究结果，比如埃德蒙兹最初确定的5个变量。有效领导者应当培养一种“普遍的且被广泛理解的教学重点”，这种说法无疑指出了方向，甚至表明了具体的行动，但并未指明这些行动的预期效果。华莱士基金会通常也将它提供的变量称作领先指标。例如，“构建共同愿景”体现了领导者可以采取的具体行动。但是，在没有明确阐述预期结果的情况下，领导者无法监督人们如何遵循这一命令来构建愿景。同样，“提供智力启发”也体现了具体的行动；但是如果没有对预期结果的描述，便很难对这些行动进行监督。

我们并不想贬低上述研究为描述有效领导力所做出的努力。事实上，领先指标为学校可能采取的行动和干预措施提供了具体的指导。滞后指标通过具体阐述预期的效果来完善这些行动。

因此，在很大程度上，希望建设高可靠性的学校必须将研究文献推荐的行动转化为这些行动的预期效果。这是滞后指标的本质。比如，华莱士基金会的研究提出的领先指标——“构建共同愿景”。看起来，这一领先指标显然是一所学校应该采取的直观行动，但是，要将其转化为相应的滞后指标，就需要阐明共同愿景的预期效果。例如，滞后指标可能会这样表述：“教职工认为，他们为改善在校学生的学习做出了贡献。”

当滞后指标以具体或定量的方式描述学校的行动所产生的预期效果时，它们就发挥了最大的作用。例如，与“构建共同愿景”这一领先指标相对应的滞后指标有一个更为具体的描述：“一项调查表明，至少有85%的教职工认为，他们为改善在校学生的学习做出了贡献。”因此，我们将滞后指标定义为：具体的有时可量化的结果，学校可以依此来建立最低可接受标准。

那么，在实施高可靠性学校的领先指标时，应该从哪里入手呢？当然是从正确的工作开始。

正确的工作

开始建设高可靠性的学校之前，必须明确对成功至关重要的领先指标。这一点是埃尔莫所说的“做正确的工作”的基础。他认为，做正确的工作是学校改进的首要因素。他进一步指出，在美国有这样一种观点：“学校失败是因为学校的人——包括管理人员、教师和学生——不够努力；他们懒惰、缺乏动力且自私自利。”然而，事实上，失败的学校里不乏努力且积极的管理人员、教师和学生。他们的问题不在于不够努力，而在于没有选择正确的工作。

我们认为，本书探讨的25个领先指标代表了学校的正确工作。第二章至第六章深入分析了这些领先指标。经过多年的审查，我们从之前引用的研究中直接得出这个领先指标列表。

具体来说，我们可以将数据驱动式教学模型追溯到21世纪初进行的学校效能研究。我们还在校长评估的背景下对该模型进行了审查。最后，我们发现在哈蒂提出的195个与成绩相关的变量中，数据驱动式教学模型包含了其中许多最高级别的变量。

表1.1列出了数据驱动式教学模型的25个领先指标，分为5个层次。这种层次结构有一定的直观吸引力。

表1.1　数据驱动式教学模型

层次	领先指标
第一层次： **安全且具有支持性和协作性的文化**	1.1 教职工认为学校环境安全有序且具有支持性。 1.2 学生、家长和社区认为学校环境安全有序且具有支持性。 1.3 教师在制定学校方案的过程中扮演正式角色。 1.4 协作团队定期互动，以解决有关课程、评估、教学及学生成绩的常见问题。 1.5 教职工有正规的方式为学校实现最佳运营建言献策。 1.6 学生、家长和社区有正规的方式为学校实现最佳运营建言献策。 1.7 学校认可整个学校的成功，也认可学校内部所有个体的成功。 1.8 学校以直接支持教师的方式管理其财政、运营及技术资源。
第二层次： **有效课堂教学**	2.1 学校针对教师应该如何开展教学描绘出一个清晰的愿景。 2.2 学校支持教师通过反思和专业成长计划不断提高自身教学技能。 2.3 学校了解并监督主要的教学实践。 2.4 学校基于多方数据，并结合学生成绩数据，为教师提供关于其教学优势和劣势的明确性和持续性评价。 2.5 学校为教师提供与教学成长目标直接相关的工作嵌入式专业发展。 2.6 教师有机会观察有效教学并进行讨论。

（续表）

层次	领先指标
第三层次：有保障的可行课程	3.1 学校课程及相关评估均符合州及学区标准。 3.2 学校课程重点突出，教师可以在现有时间内妥善处理。 3.3 所有学生都有机会学习课程的关键内容。 3.4 学校制定了明确的可衡量目标，重点关注提高学校学生整体成绩的关键需求。 3.5 学校分析、解释并使用数据定期监督学校成绩目标的进展情况。 3.6 学校在全校和班级层面制定适当的方案和做法，在数据显示需要采取干预措施时，帮助学生实现个人成绩目标。
第四层次：标准参照汇报	4.1 学校制定明确、可衡量的目标，目标侧重于提高学生个人成绩的关键需求。 4.2 学校分析、解释和利用数据来定期监测学生个人达成目标的进展情况。
第五层次：能力本位教育	5.1 任何学科的学生只有证明自己在上一阶段的能力之后，方可进入下一阶段学习课程。 5.2 学校的日程表根据学生情况和学生需求调整进度。 5.3 对于那些证明自己的能力水平高于系统规定的能力水平的学生，学校会即刻让他们开始学习高级内容或从事感兴趣的职业道路。

高可靠性学校层次结构的第一层次是基础性的，因为它解决的是人类的基本需求。如果学生、教师和家长认为学校是不安全、不具有支持性和协作性的，他们就会把注意力集中在先满足这些需求上，而不是集中在学校所教授的内容上。

第二层次涉及有效课堂教学。它在层次结构中处于第二位，因为它是此层次结构中最具影响力和灵活性的变量之一。研究持续证实学生所接受的教学质量对他们的学术成就有着深远的影响。此外，刻意的训练可以提高教师的教学技能。

第三层次涉及有保障的可行课程。“有保障”指的是，无论由哪位教师教授指定课程或年级，该课程或年级的学生所学内容完全相同。“可行”指的是课程安排重点突出，教师有充足的时间和资源来完成教学任务。一些教育工作者曾提出疑问：为什么有保障的可行课程不是第二层次？这是因为，如果把切实可行的课程安排放在教学之前，就意味着学生的学习比教师的教学更重要。然而，我们认为，有效教师可以克服薄弱的课程安排，但强有力的课程安排拯救不了能力不足的教师。

该层次结构的前三个层次体现了任何学校在任何时候都必须参与的工作。文化、教学和课程安排是学校教育的基石。第四层次和第五层次体现了系统变革。其中，第四层次明确了一种记录和报告的形式，允许学校就特定主题对学生的状态和发展情况进行监督，这代表着学校管理方式的重大转变。第五层次所体现的变革程度更为深远，它不仅允许教育工作者监督个体学生，还允许学生按照自己的进度完成课程。

一旦学校明确了正确的工作内容，它可以遵循四个步骤来建设高可靠性学校。我们将在后续章节讨论把这四个步骤融入专业学习共同体过程。对于某个特定的指标，一个协作团队可能会率先采取部分或所有步骤。而对于另外的指标，所有的协作团队可能会承担同等的责任。

四个步骤

在与600多所学校合作建设高可靠性学校的过程中，我们得出了以下四个步骤。实际上，如果一所学校采取了这些步骤，它就会达到高可靠性状态，由领先指标引领。

这四个步骤包括：

1. 创建滞后指标并设立成功的标准。

2. 根据滞后指标收集学校状况数据。

3. 如果学校未达到滞后指标的最低要求，则重新关注相关领先指标内在的行动。

4. 持续收集滞后指标的数据并做出回应。

创建滞后指标并设立成功的标准

从理论上讲，如果一所学校使用本书所阐述的数据驱动式教学模型，它就已经获得了五个层次的领先指标。如前所述，滞后指标将领先指标转化为可视的结果。比如领先指标1.4：“协作团队定期互动，以解决有关课程、评估、教学及学生成绩的常见问题。”当然，一所学校应当已经实施专业学习共同体，并为此建立协作团队。实际上，对于实施专业学习共同体的学校来说，这一领先指标（以及其他领先指标）已经自动实现了。

为了将其转化为滞后指标，学校领导者需要明确：如果专业学习共同体过程运行良好，他们会观察到什么？例如，作为滞后指标的一部分，学校领导者可能会注意到，团队每月应该召开特定次数的会议。他们可以观察并量化这样的行为。学校领导者还可能注意到，团队应该提交所有会议的纪要，阐明会议中讨论的问题及团队商议后确定的任务项。领导者可能会这样阐述滞后指标：“协作团队每周开会讨论具体的教与学问题，并提交团队的研究成果（比如基本标准列表、通用进度指南、团队开发的共同评估、共同评估数据分析）和团队决定采取的行动。”

最后，学校领导者应当设立一个成功的标准，来判断是否实现了滞后指标所体现的预期行为。对于上述滞后指标，他们可以做出如下补充：“所有团队必须在每次会议之后提交成果和行动计划，领导团队必须进行审查，并就成果的质量和行动计划的清晰度做出反馈。”

根据滞后指标收集学校状况数据

当领导者拥有精心设计和阐述清晰的滞后指标时，他们就能比较容易地收集相关数据。就领先指标1.4而言，学校领导者只需收集协作团队提交的成果和行动步骤，然后对其质量进行分析。

有时，滞后指标会将领导团队指向感性数据。比如领先指标1.1“教职工认为学校环境安全有序且具有支持性”，与之对应的滞后指标可能是：“至少90%的教职工认为学校环境安全有序且具有支持性。”若根据这一指标对学校进行评估，必须设计并发放一份调查问卷给教职工。该问卷将包括一系列问题或陈述，如下所示：

- 我们学校很安全。
- 我们学校具有支持性。
- 我们学校秩序井然。
- 我们知道学校的应急程序。

教职工将通过等级量表回答，如：非常不同意、不同意、中立、同意、非常同意。在某些情况下，滞后指标的数据可以包括具体的成果，比如领先指标2.1所形成的书面教学语言。

如果学校未达到滞后指标的最低要求，则重新关注相关领先指标内在的行动

这一步骤意味着领导者建立某种类型的学校认证标准。也就是说，学校领导者依据滞后指标收集的数据表明，学校已经达到了该滞后指标的标准。就滞后指标1.4而言，如果领导团队认为，协作团队提交的80%的成果在问题的重要性、质量和行动的清晰性方面是可接受的，那么领导者可以合理地推断出他们已经达到了滞后指标1.4的标准。就滞后指标1.1而言，如果90%的受访者认为学校安全有序且具有支持性，那么领导者可以

断定学校已经达到了标准。实际上，学校可以认为自己通过了这一特定指标的认证。

另一方面，如果有数据表明团队没有达到标准，那么领导者必须根据指标的要求采取行动来改善团队的表现。就滞后指标1.4而言，领导者可以在会议结束后会见那些未能提交有效成果的协作团队，帮助他们明确预期，并提供资源、支持和培训来帮助他们成功完成正确的工作。就滞后指标1.1而言，领导者会明确已经发生或者没有发生的哪些事情，让大家感知到学校的安全性、支持性和有序性。我们将在后续章节中对这些指标逐一进行阐述。简而言之，学校领导者将试着找出未能达到滞后指标的原因。如果团队未能达到滞后指标的标准，领导者必须立即采取行动查漏补缺来满足标准。

持续收集滞后指标的数据并做出回应

从理论上讲，如果一所学校达到了某一层次的所有滞后指标，就相当于实现了该层次的高可靠性。即使一所学校非常接近数据驱动式教学模型中的某个层次，它仍需要定期收集数据，我们把这种数据称为快速数据。顾名思义，收集快速数据无需花费太多的时间和精力，并且快速数据能够持续提供学校在特定层次上运转的情况。就滞后指标1.4而言，领导者可以继续收集会议成果，但只需系统地进行随机抽样分析。就滞后指标1.1而言，领导者可以定期与教职工召开非正式座谈会，讨论他们对学校安全、支持和秩序的看法。

如前所述，本书的第二章至第六章将分别阐述数据驱动式教学模型五个层次的四个步骤。对于每个层次的领先指标，我们是这样描述的：

1. 滞后指标示例（步骤1）

2. 为了验证学校在滞后指标方面的表现，学校领导者应当收集的数

据（步骤2）

3. 当滞后指标的数据表明需要改进时，学校领导者应当采取的措施（步骤3）

4. 即使在验证了学校的有效性之后，为了持续监督学校在滞后指标方面的表现，学校领导者可以采取的方式（步骤4）

在第二章，我们将会讨论数据驱动式教学模型的第一个层次：安全且具有支持性和协作性的文化。

CHAPTER

2

安全且具有支持性和协作性的文化

在本书导语部分，理查德表示，协作文化是构成专业学习共同体过程的基础的三大理念之一。他进一步指出，如果专业学习共同体过程要蓬勃发展，对所有学生的学习负有集体责任的协作团队必须是“团结的”。数据驱动式教学模型的第一层次聚焦文化，其原因显而易见。

有人可能会把一个组织的文化描述为该组织中成员的共同信念，以及这些成员共同遵守的社会行为和规范。共同信念构成了组织中大多数决策的基础。如果管理人员和教职工一致认为，学校应当提高所有学生的生活水平，那么他们就会根据这一信念做出资源分配、计划和政策的相关决定。共同的社会行为和规范是人们倾向于遵守的实际的行为准则，无论这些行为和规范是隐性的还是显性的。例如，如果一所学校接受学生直呼教师名字这种社会行为，那么随着时间的推移，人们逐渐会被这种惯例吸引。

一所高可靠性学校不会把文化交给天意。高可靠性学校的领导者会努力确保学校至少在这三个领域培养共同的信念、行为和规范：(1)安全；

（2）支持；（3）协作。尽管可能还涉及其他领域，但以上三个关键领域需要重点关注。其中，协作是基石。专业学习共同体过程培养的协作是数据驱动式教学模型中第一层次的引擎。事实上，它可以作为有效使用领先指标和滞后指标的工具，这不仅适用于第一层次，还适用于其他所有层次。

当教育工作者在高绩效的协作团队中工作时，一切似乎都运行得更加顺利。事实上，我们认为，专业学习共同体过程是研究者所称的集体效能的核心。2015年，哈蒂整合分析了65000余份研究结果，他发现，在195个对学生的学习产生积极影响的变量中，教师的集体效能居于第二位。

数据驱动式教学模型的第一层次包含八个领先指标。

1.1 教职工认为学校环境安全有序且具有支持性。

1.2 学生、家长和社区认为学校环境安全有序且具有支持性。

1.3 教师在制定学校方案的过程中扮演正式角色。

1.4 协作团队定期互动，以解决有关课程、评估、教学及学生成绩的常见问题。

1.5 教职工有正规的方式为学校实现最佳运营建言献策。

1.6 学生、家长和社区有正规的方式为学校实现最佳运营建言献策。

1.7 学校认可整个学校的成功，也认可学校内部所有个体的成功。

1.8 学校以直接支持教师的方式管理其财政、运营及技术资源。

领先指标1.1　教职工认为学校环境安全有序且具有支持性

就领先指标1.1而言，领导者必须完成这一关键任务，即建立学校的规范和程序。实际上，安全性是有效程序和规范的副产品。显而易见，领导者通常想当然地认为在整个学校，这些规范和程序得到了清晰的传达、理解和一致的监督。

对于该指标来说，学校领导者需要采取的有意义的行动包括：聚焦学校的特定领域来创建规范和程序，并重新调整那些未在全校范围内传达或未得到一致遵守的规范和程序。例如，得克萨斯州圆石城福尔克斯中学的领导团队就学生在走廊上消磨时光这一问题在全校范围内建立了规范。在这一过程中，领导团队也为全校的教职工建立了规范，要求他们在课间加强对指定区域的监督和管理。这些规范记录在册，明确规定了各位教师负责监督的区域。

我们通常可以将有些学校实施的计划归类为积极行为计划。这些计划的诸多方面都提供了极好的策略以有力支持这一领先指标。表2.1、表2.2和表2.3描述了与该领先指标相关的具体行动和程序所产生的一些实际成果。

表2.1中的纪律矩阵对我们实际观察到的情况进行了改编。这样的矩阵旨在使全校的教师和管理人员在处理学生的纪律问题时能够保持一致。该纪律矩阵描述了三种类型的行为。A类行为需要教师在课堂上解决。B类行为需要教师在课堂上解决并做好记录。C类行为学生会被自动劝退。需要注意的是，有些比较严重的行为在一开始就被归为B类行为，并且需要记录（参见表2.1第1列的空白单元格）。还要注意的是，每种行为都有编码，这种编码涉及个人责任的三个方面：公民意识、道德和成就。在为表2.1制作海报之前，教师和学生应当就各个类别的个人责任所代表的意义进行讨论。

表2.2描述了一种学生行为跟踪矩阵，教师每天对学生的行为进行监督。该矩阵包括积极行为和消极行为，教师可以借此来强化积极行为或消除消极行为。学生被称为学者是为了强调这样一个事实，即学生的目的就是学习，并且教职工相信他们有能力成为学者。每个学生每天都将获得一张卡片。在周末，教师会让学生带着卡片回家，这样一来，家长就可以随

时了解孩子的行为。当新的一周开始时，每个学生都会获得一张新卡片。校长特拉娜·艾伦和她的同事在得克萨斯州圆石城的安德森·米尔小学开展了上述实践，事实证明这种做法非常有用。

表2.1 纪律矩阵

A类行为（通常在课堂上解决）	B类行为（由教师决定如何解决并进行记录）	C类行为（自动劝退）	个人责任（公民意识、道德、成就）
	持续的A类行为	持续的B类行为	公民意识
	不恰当的或者冒犯性的语言（对话时咒骂或者在讨论与种族、文化、性取向、智力等有关内容时使用类似咒骂的语言）	种族歧视、性骚扰、文化歧视（言语上或身体上）	公民意识
注意力不集中（睡觉、不专心学习、写小纸条，等等）	不尊重长辈（顶嘴、交头接耳、做出不良手势）	严重不尊重长辈（咒骂教师、人身语言攻击，等等）	道德
不负责任（不交作业、不做课前准备、不诚实）	作弊（抄袭家庭作业、每日作业、专题研究、考试答案；剽窃；伪造）		成就
违反座位规定（离开座位、踢椅子、把脚放在桌子上，等等）	违反区域规定（走错走廊、误入浴室、走错楼梯、误用通行证，等等）	逃课或者私自离校	成就
轻度干扰（窃窃私语、突然讲话、制造噪声、递小纸条，等等）	持续故意地扰乱课堂秩序	严重违反安全规定（拉火警警报、拨打119、摆弄有害物品、争抢食物、制造严重的恶作剧）	公民意识

（续表）

A类行为（通常在课堂上解决）	B类行为（由教师决定如何解决并进行记录）	C类行为（自动劝退）	个人责任（公民意识、道德、成就）
违反课堂或学校的期望、程序或惯例	拒不遵守长辈的指令	拒不遵守安全规定	公民意识
学生之间的争吵和分歧	学生之间持续或激烈的冲突或挑衅，可能引发暴力	身体暴力（打、踢、咬、投掷危险物品，等等）	公民意识
轻度嬉戏打闹（激怒或惹恼同学、四处乱跑、触摸别人的物品）	中度嬉戏打闹（可能引发安全问题——奔跑、绊倒、推搡、拍打或恶作剧）	持有武器或违禁物品	道德
说三道四	中度欺凌（辱骂、侮辱、散布谣言、开孤立他人的玩笑）	重度欺凌（威胁或恐吓）	公民意识
轻度不良行为（侵占空间、误用日常用品，等等）	投掷非危险物品（纸团、笔帽、球，等等）	恐怖威胁	公民意识
使用无绳背包	轻度财产损失	故意破坏公共财物（涂鸦、损坏或毁坏他人财产）	道德
	轻度的公开示爱行为（拥抱、牵手、亲密接触）	粗俗、淫秽或下流的行为（比如亲吻或过度的公开示爱行为）	道德
	滥用计算机权限（未经授权使用电子邮件、游戏、绘画工具、音乐或视频等功能）	盗用	道德
	设备使用不当（不合适的材料）	分发或销售违禁物品	公民意识

表2.2　学生行为跟踪矩阵

行为报告

学生姓名：________　　教师姓名：________　　日期：________

星期一		星期二		星期三		星期四		星期五	
积极	消极	积极	消极	积极	消极	积极	消极	积极	消极
家长签名：________		家长签名：________		家长签名：________		家长签名：________		家长签名：________	

积极行为：	消极行为：
1.为学习做准备	1.开小差
2.负责任	2.不做准备
3.尊重他人	3.不尊重他人
4.善于沟通	4.扰乱学习环境
5.有冒险精神	5.不可靠

支持性是领先指标1.1的另一个重要方面。有人可能认为，支持性超出了人类的需求层次结构。罗伯特·马扎诺等人指出，所有学生都不断寻求在课堂上满足自身的需求。实际上，人类几乎在所有情况下都会不断满足自身的需求。马斯洛认为，像人身安全和生理舒适这样的需求构成了需求层次结构的基础。马扎诺、斯科特和他的同事们所说的马斯洛需求层次结构如图2.1所示。

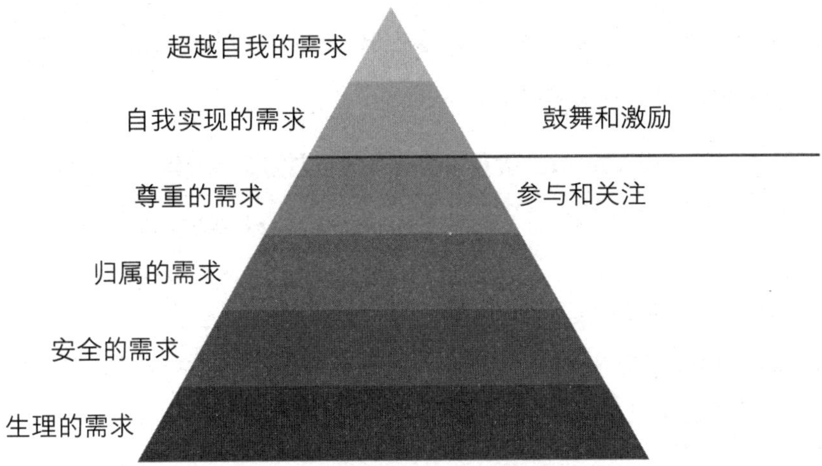

图2.1 马斯洛需求层次结构图

自我实现和超越自我之类的需求处于需求层次结构的顶端。在同伴群体中获得归属感和尊重之类的需求处于需求层次结构的中间。

在领先指标1.1中，安全当然指的是位于需求层次结构的低端的生理舒适和人身安全。然而，领先指标1.1中的“支持”一词指的是我们先前列出的层次，从归属开始，向上依次是尊重、自我实现和超越自我。

如前所述，学校通过执行良好且明确的规范来建立秩序，这通常能直接或间接地满足学生对生理舒适和人身安全的需求，但是这种规范可能难以满足学生对归属感和尊重的需求。为此，一些学校制定并实施了特定的计划和实践，比如吸引教育框架。

吸引教育框架有两个维度：（1）吸引；（2）意向。吸引指的是个别课堂和整个学校的环境，在多大程度上增加或削弱了学生的融入感。意向指的是个别课堂和整个学校环境的特定方面，在多大程度上被有意设计到系统中，或者仅仅是学校已有的计划或实践产生的意外结果。因此，个别课堂和整个学校的特定方面可能是有意吸引、无意吸引、有意不吸引、无意不吸引。

有了这一框架，教师可以要求学生识别他们认为有吸引力的元素和没有吸引力的元素。表2.3列举了一些例子。

表2.3　有吸引力的和没有吸引力的课堂元素

有吸引力的	没有吸引力的
• 周一上课前先讨论一下各自的周末 • 学生能够选择自己的合作伙伴 • 教师能为学生带来惊喜 • 教师询问学生对每个单元教学的看法及改进的建议	• 教师能嚼口香糖，而学生不能 • 上课铃响之前，学生不能进入教室 • 教师花很长时间才向学生反馈作业情况 • 不对教室做任何装饰

如果教师和学校领导者收集了与课堂有无吸引力的元素相关的数据，他们就可以利用这些数据来确定采取何种行动以改善课堂和学校文化。

为了满足学生对自我实现和超越自我的需求（最高层次的人类需求），学校通常会实施传统学术课程中没有的计划和实践。为了满足学生对自我实现的需求，学校实施了一些个人项目。马扎诺和斯科特等人说道，学生每年都应该参加个人项目，并遵循以下七个步骤：

1. **确定一个目标**：我想完成什么？
2. **确定导师和榜样**：谁实现了这个目标？谁能为我提供支持？
3. **研究必要的经验和技能**：我需要什么技能和资源来实现目标？

4. 分析行为：为了实现目标，我需要做出哪些改变？

5. 制定短期和长期计划：为了实现目标，我需要制定哪些计划？

6. 从细小的行动入手：我现在能立刻采取哪些行动？

7. 不断反思：我做得怎么样？我从自己身上学到了什么？

正如这些步骤所体现的，参与个人项目能让学生朝着对自己有意义，且具有内在激励性的目标努力。允许学生参与这些项目能让学生觉得学校对他们每个个体都感兴趣。

滞后指标

在第一章，我们描述了四个步骤，这些步骤指导领导者采取必要的行动来运营一所高可靠性学校。步骤1、步骤2和步骤3关注的是滞后指标的产生和初次使用。步骤1涉及创建滞后指标，步骤2涉及收集有关学校滞后指标状况的数据，步骤3涉及验证学校在滞后指标方面的表现，或者投入更多精力以改善学校在滞后指标方面的表现。要了解这些步骤如何实施，请参考下面的例子。

因为纪律处罚占用了宝贵的上课时间，印第安纳州新怀特兰的休息日小学（Break-O-Day Elementary School）为领先指标1.1制定了相应的滞后指标，以减少一半每月学生的纪律处罚数量（从20次处罚减少至10次处罚）。为了减少纪律处罚的数量，学校的领导团队认为，他们需要首先了解学生为什么会受到纪律处罚。他们挖掘了现有的数据，发现了学生受到处罚，尤其是在课间休息时间受到处罚的常见原因。为了解决这些问题，教职工制作视频描述了课间的适当和不适当行为。通过教授学生有用的、非破坏性的设备使用方式和为人处世方式来减少纪律处罚。为了验证这种方法是否有效，学校每天收集完整的纪律处罚数据。每个月底，学校的指导联盟汇总并审查数据，然后讨论这些数据是否达到他们建立的滞后指标的标准分数。他们还讨论了是否可以公开表彰这些数据，或者是否需要利用额外的策略来减少纪律处罚。

涉及领先指标1.1的其他滞后指标还包括：

- 学校环境调查数据显示，95%的教职工认为学校安全有序且具有支持性。
- 学校的海报传达了学校预设的具体规则和程序。
- 数据显示，因危险或扰乱秩序的行为而被班级或学校开除的学生不足5%。
- 学校领导者针对特定事件提供应急管理程序的例证。

快速数据和持续改进

高可靠性学校流程的步骤4表明，一旦学校证明其符合与特定领先指标相关的既定标准，它必须继续收集数据，并根据这些数据得出的推论采取行动。这并不意味着学校必须每周或者每月收集所有层次的每个滞后指标的数据。相反，一旦学校领导者证明他们的学校符合滞后指标的标准（例如，学校已经表明他们符合滞后指标的标准），他们应该定期（比如每月一次）轮流收集快速数据。例如，这个月收集某一个滞后指标的数据，下个月收集另一个滞后指标的数据。

重要的是记住这一点，顾名思义，收集“快速”数据不需要花费很长时间。此类数据可以通过观察和简短的非正式谈话得来。鉴于快速数据的灵活性，通过一次观察和讨论，学校领导者可以很容易地收集多个滞后指标的数据。此外，快速数据可能已经存在于学校定期从学区或其他来源收到的报告中。最后，请记住，学校管理人员应该对收到的快速数据做出反应。很多时候，这种反应意味着认可或庆祝指标进展顺利。在其他情况下，快速数据可能表明，领导者必须关注特定领域的滞后指标，因为该领域的表现似乎有所退步。学校越快解决快速数据已表明或潜在的问题，它作为高可靠性学校的运作就越有效。这种相互作用是持续改进过程的核心。

其他快速数据的例子包括：

- 辅导员每月审查一次纪律数据，以监测一天和一年中的变化趋势。
- 监管人员分享他们所看到的关于学生在课间是否遵守规则的情况。
- 管理人员定期观察教职工，以确保他们在课间坚守岗位对学生进行监督。

领导者问责制

从根本上说，本书讲的是如何构建数据驱动式教学，也讨论了领导者对学校完成领先指标的情况负有责任。鉴于此，我们为数据驱动式教学模型中的每个领先指标提供了评价量表。表2.4是领先指标1.1的评价量表。我们建议学校领导者继续使用我们提供的量表对自己进行评估。处在“发展”或以下的阶段表明，如果教师希望他们的学校成为高可靠性组织，他们还需要继续努力。

表2.4的评价量表简单明了（本书所有的评价量表都是如此）。在未曾尝试阶段，学校领导者尚未尝试完成领先指标。在开始阶段，领导者制定了一些惯例和程序，但未在全校范围内实施。在发展阶段，领导者在全校范围内实施了惯例和程序，但未进行跟踪监测。在应用阶段，通过使用滞后指标及其相关的数据来监督学校的表现。在该阶段，领导者可以有底气地说，他们已经证明了学校在特定指标方面的表现。持续阶段涉及整个高可靠性学校的过程，因为它包括持续收集快速数据，并适当干预这些数据表明的潜在问题。我们之所以称之为持续阶段，是因为在该阶段，领导者确保学校继续遵守高可靠性学校的原则。

表2.4　领先指标1.1的评价量表

持续阶段	应用阶段	发展阶段	开始阶段	未曾尝试
学校通过快速数据不断获得信息，以了解教职工对学校环境的安全性、支持性和有序性的看法，并在快速数据显示潜在问题时，采取适当的措施进行干预	学校在全校范围内制定并实施了明确的方案和做法，让教职工感受到安全有序且具有支持性的学校环境，并且能够通过滞后指标展示这些行动的预期效果	学校在全校范围内制定并实施了明确的方案和做法，让教职工感受到安全有序且具有支持性的学校环境	学校正处于不完善的起始阶段，计划在全校范围内制定并实施明确的方案和做法，让教职工感受到安全有序且具有支持性的学校环境	学校还未尝试在全校范围内制定并实施明确的方案和做法，让教职工感受到安全有序且具有支持性的学校环境

在与学校合作的过程中，我们注意到领导者在提升领先指标1.1的评价等级时面临一些挑战。例如，许多学校将规则和程序留给个别教师自行决定。这在个别课堂上相当有效，但经常让学生对课堂以外的学校期望感到困惑。在走廊行为、就餐程序和学生互动等方面设有共同规则和程序的学校，领先指标1.1的评价等级至少达到了发展阶段。有了这一领先指标，领导者还面临着缺乏完善的滞后指标的挑战。根据我们的经验，存在学校制定了全校范围内的固定规则和程序，但没有合适的标准来检查这些规则和程序是否达到了预期的效果的情况。滞后指标有助于确保学校有合适的标准来评估预期效果。

领先指标1.2　学生、家长和社区认为学校环境安全有序且具有支持性

与教职工对学校文化的看法同样重要的是学生、家长和社区对学校文

化的看法。领先指标1.2包含的许多行动和程序可能与领先指标1.1相似，在某些情况下，这些行动和程序可能相同。例如，前文提到的积极行为计划同时涉及领先指标1.1和领先指标1.2。然而，学生、家长和社区有一些独特的方式参与创造一个安全有序的环境。

以来自美国洛斯卢纳斯地区的雷蒙德·加巴尔登小学为例。作为一种积极干预策略，校长芭芭拉·卡里略（Barbara Carrillo）发起了一个“母亲与儿子”小组，以重新引导一些经常与他人发生肢体或言语冲突的男孩。该小组全年定期举行会议，在这些会议上，母亲们和儿子们作为一个小组，讨论母亲们的希望和梦想，以及她们对儿子们作为年轻人应该如何行事的期望。这个举措减少了这一特定小组内的男孩们发生的纪律冲突，整个学校的秩序得到改善。

正如领先指标1.1所述，个人项目为家长和社区参与提供了现成的机会。这些项目直接关系到对学生学习目标的支持。当家长和社区参与这些项目时，就会扩大对学生的支持。具体来说，个人项目的七个步骤中的第二步涉及确定导师和榜样。我们发现，学生通常会指定自己的家庭成员和当地社区成员来担任这些角色。此外，家庭和社区成员通常充当学生展示其个人项目成果的听众。

滞后指标

如前所述，滞后指标提供具体的、有时可以量化的数据，以表明一所学校正在满足其领先指标的要求。例如，学校可以按季度监测在该季度开展的有学生和家长共同参与的焦点小组的结果。

涉及领先指标1.2的其他滞后指标还包括：

- 当家长接受一项满分为5分的问卷调查，询问他们是否认为学校环境安全有序且具有支持性时，平均分保持在4.0分及以上。

- 学校有明确的应对紧急情况的协议和程序，并已付诸实施。
- 学校有学生辅导项目，以鼓励正向的行为和文化。
- 调查数据显示，90%以上的家长和学生认为学校安全有序且具有支持性。
- 家长和学生都有明确的上下学和接送程序。
- 学校有一套系统使学生可以匿名报告可能缺乏安全或秩序的潜在事件。

快速数据和持续改进

为了收集和分析这一指标的快速数据，学校可以定期向等待接孩子放学的家长发放包含一两个问题的停车场调查问卷。调查问卷的问题可能包括：在5分制的范围内，且5分意味着非常安全，您觉得我们学校有多安全？您是否发现任何与学校安全相关的具体问题需要我们注意？接下来学校收集和汇总数据。平均而言，这个实践需要来自80至100个调查的数据。

其他快速数据的例子包括：

- 学校定期组织学生焦点小组，询问学生对学校安全问题的看法。
- 当家长们在办公室接待区等候时，学校对他们进行关于学校安全和秩序的简短调查。
- 学校医护人员收集学生在操场上受伤的数据，预测学生受伤的趋势。

领导者问责制

本指标的领导者问责制包括监测是否有方案和做法来影响学生、家长和社区对安全有序且具有支持性的学校环境的看法，以及这些方案和做法是否产生了预期效果。领导者可以用表2.5中的评价量表来判断学校在领先指标1.2中的有效性。

表2.5 领先指标1.2的评价量表

持续阶段	应用阶段	发展阶段	开始阶段	未曾尝试
学校通过快速数据不断获得信息，以了解学生、家长和社区对学校环境的安全性、支持性和有序性的看法，并在快速数据显示潜在问题时，采取适当的措施进行干预	学校在全校范围内制定并实施了明确的方案和做法，让学生、家长和社区感受到安全有序且具有支持性的学校环境，并且能够通过滞后指标展示这些行动的预期效果	学校在全校范围内制定并实施了明确的方案和做法，让学生、家长和社区感受到安全有序且具有支持性的学校环境	学校正处于不完善的起始阶段，计划在全校范围内制定并实施明确的方案和做法，让学生、家长和社区感受到安全有序且具有支持性的学校环境	学校还未尝试在全校范围内制定并实施明确的方案和做法，让学生、家长和社区感受到安全有序且具有支持性的学校环境

领导者在提升领先指标1.2的评价等级时面临的挑战包括建立学生、家长和社区容易理解的全校范围的惯例和程序，并确保这些惯例和程序得到高度一致的执行。为此，许多学校领导建立了一个纪律矩阵，为执行全校程序提供指导并保障一致性。通常情况下，领导者在设计纪律矩阵时，会将其呈现给学生、家长和社区成员，并要求这些成员提供意见。此外，当领导者创建或修改学校范围内的惯例和程序时，必须传达它们对建立安全有序且具有支持性的学校环境有何益处的基本原理。在这一过程中，可以建立一个由班主任和家长组成的小组，使这一领先指标更加有效，更易于实施。

领先指标1.3　教师在制定学校方案的过程中扮演正式角色

建立正式结构，让教师参与学校决策的具体方面，是构建数据驱动式教学模型的一个关键因素。事实上，当教师决策的过程推动特定措施的制定时，这些措施可以迅速获得动力，并被全体教师接受。在《学习的领导者》一书中，杜富尔和马扎诺指出，“没有任何个体具备所有的知识、技巧与才能来领导一个学区、推动学校进步或者满足课堂上所有孩子的需求”。华莱士基金会的报告也提到了共同决策的概念，并提供了以下关键发现：

- 集体领导对学生成绩的影响大于个人领导。
- 几乎所有高绩效学校的人对学校决策的影响都比低绩效学校的人更大。
- 尤其，绩效较高的学校给予教师团队、家长和学生对决策更大的影响力。
- 校长和地区领导对所有学校的决策影响最大；然而，他们不会因为其他人获得影响而失去影响。
- 学校领导对学生成绩的干预主要通过他们对教师激励和工作条件的影响来实现；他们对教师知识和技能的影响对学生成绩的干预较小。

领导者在处理这一领先指标时，必须考虑三个关键因素：(1)建立正式的结构来实践共同决策；(2)确定就哪些决策类型他们将寻求教师的意见；(3)确保透明度，以便教师知道并理解共同决策过程。

1. 建立正式的结构来实践共同决策：在得克萨斯州郎德罗克市的圆石高中，教职工将主导结构为共同决策的团队称为学习型领导团队。这个团队的成员包括所有管理人员、所有学科负责人和学校首席顾问。这个团队对来自任何部门的教师留有开放席位，只要他们对团队的工作感兴趣，或者想直接探讨团队要解决的问题。

2. 确定就哪些决策类型他们将寻求教师的意见：

任何学校的决策都可归为三个基本类别：

a. 由个别教师或教师团队在完全自主的情况下作出的决策。

b. 教师通常直接参与的决策。

c. 学校管理人员在没有教师参与的情况下作出的决策。

学校领导可以使用表2.6来引导他们对三种不同类型的决策的思考。领导者思考可以填入栏中的具体决策，并列出这些决策，以便开始确定哪些决策需要教师参与。随着时间的推移，应当增加决策过程的参与者，以确保参与者的充分代表性。最后，领导者应该撰写一个简明的文件，清楚地传达具体的决策责任。

领导者此种行为开始逐步消除在具体决策参与者混乱的情况下产生的问题。在参与者混乱的情况下，教职员工往往会想，为什么他们没有被询问意见或参与具体决策过程。实际上，学校领导者应该让他们参与决策。同样，一些问题可以通过教师的参与得到更好的解决，比如，这些决议更

表2.6 决策整理工具

由个别教师或教师团队在完全自主的情况下作出的决策	教师通常直接参与的决策	学校管理人员在没有教师参与的情况下作出的决策

有可能被接受，并在更小的阻力下向前推进。领先指标1.3所指的决策类型位于表2.6中间栏，即学校管理人员和教师共同决策。

3. 确保透明度，以便教师知道并理解共同决策过程：在许多学校，校长已经建立了正式的、共享的决策结构，然而仅有那些参与其中的管理人员才知道这些决策结构。为了避免这种漏洞，学校领导必须制定计划，说明他们将如何与全体教职工共享信息。然而，这并不意味着校长必须始终与教职工共同决策。事实上，参与决策的一些教师是管理人员亲自或以网络方式分享信息的最佳人选，这是有道理的。例如，如果所有教师团队的领导都参加了一个全校范围的领导团队，那么这些领导应该根据校级团队的共同决策更新他们的局部团队，并且他们应该寻求局部团队的额外投入。

滞后指标

学校可以通过对教职工进行调查，识别并监察领先指标1.3的滞后指标。这项调查收集的数据将显示有多大比例的教职员工认为他们在有关学校倡议的决策过程中发挥了正式作用。如果一开始有70%的教职工认为他们在决策过程中发挥了正式作用，学校领导可能会选择将滞后指标目标设定为85%。领导者将增加教职工在决策中的作用，接下来，定期调查教职员工，看看他们是否达到了滞后指标标准。在此之后，如果教职员工没有达到标准，领导可以尝试其他策略。

涉及领先指标1.3的其他滞后指标还包括：

- 90%的教职员工赞成或强烈赞成他们在有关学校倡议的决策过程中发挥正式作用。
- 领导者明确教师可以直接参与的决策类型。
- 笔记和报告记述了领导者在作出具体决定时如何采纳教师的意见。

- 领导者针对并利用教师小组提供有关具体决策的投入。

快速数据和持续改进

为了收集和分析这一指标的快速数据，学校可以让其基础广泛的领导团队（学校称之为指导联盟）的每一名成员与两名教职工交谈，并向他们提出以下两个问题：

1. “你能说出当前学校的一项倡议吗？”
2. “教师如何参与这项倡议的决策过程？”

然后，成员把回答反馈给领导团队，汇编结果，并在反馈中寻找方法，以监测学校如何使用这一领先指标。

其他快速数据的例子包括：

- 教师明确他们有直接参与决策的机会。
- 教师明确参与决策过程的具体学校举措。
- 学校领导者与教师进行快速对话，以评估他们对学校决策的了解程度。

领导者问责制

领导者对这一领先指标的问责制包括监测学校是否制定了方案和做法，使教师参与学校倡议的决策过程，以及这些方案和做法是否产生了预期效果。领导者可以使用表2.7中的评价量表来监测他们相对于领先指标1.3的进展情况。

领导者在提升领先指标1.3的评价等级时，面临的最大的挑战之一就是已经设有教师参与决策的程序，但是领导者并未记录这些决策的影响，也没有与教师沟通。教师不仅希望参与决策，而且希望看到他们参与决策的成果。如果决策产生了积极的结果，教师们想要庆祝这些决策；如果决策产生了消极的结果，教师们想要从中吸取教训。

表2.7 领先指标1.3的评价量表

持续阶段	应用阶段	发展阶段	开始阶段	未曾尝试
学校通过快速数据不断获得信息，以监测教师在决策过程中的正式角色和参与程度，并在快速数据显示潜在问题时，采取适当的措施进行干预	对于特定类型的决策，学校已经实施了正式的方案和做法，让教师参与学校倡议的决策过程，并且能够通过滞后指标展示这些行动的预期效果	对于特定类型的决策，学校已经实施正式方案和做法，让教师参与学校倡议的决策过程	学校正在实施正式方案和做法，让教师参与学校计划的决策过程，但仍处于起步阶段，尚未完成	学校尚未尝试实施正式方案和做法让教师参与学校倡议的决策过程

领先指标1.4 协作团队定期互动，以解决有关课程、评估、教学及学生成绩的常见问题

正如本章开头所提到的，通过专业学习共同体过程的合作不仅对构建数据驱动式教学模型的第一层次极其重要，而且对该模型的所有层次都很重要。然而，需要正式建立一种可行的方式使领先指标1.4成为现实。

妮娅·弗拉纳根等人在合著的《变革性合作》一书中指出，领导者必须做出以下五项承诺来领导专业学习共同体的实施：

1. 理解成为专业学习共同体意味着什么。
2. 找到你需要的领导学校的勇气。
3. 营造信任的氛围。
4. 塑造成功的学校结构。
5. 在合作中明确角色。

马文·费尔曼（Marvin Fairman）解释说：

> （有效的学校领导者）会发现自己处于一个动态的位置，即试图通过授权来提高个人和团队的能力，但同时也认识到他们的组织责任，以平衡个人和团队的授权与等级问责制的要求。因此，领导者面临的挑战是如何平衡来自下层的授权和来自上层的组织问责制之间微妙的张力。

他们把这种动态称为相互问责制。

杜富尔和马扎诺确定了一些领域，在这些领域中，学校领导者必须实行相互问责制，这样学校的协作团队就具备了成功所需的条件。我们强调以下五个方面：（1）将教职工组织成有意义的团队；（2）为团队提供合作时间；（3）提供支持结构以帮助小组成为团队；（4）明确协作团队必须完成的任务；（5）监督团队合作，并在需要时提供指导和支持。

1. 将教职工组织成有意义的团队。马扎诺等人指出："在构成有意义的团队方面，没有两所学校是完全相同的。最常用的结构是以年级或学科分组，但是学校可以根据自己的需要使用其他组织方案。"例如，一个九年级的团队可能由多个学科的教师组成，他们拥有共同且首要的教学目标和学生，而同一所学校也有由同一学科组成的协作团队。关键在于以一种方式组织协作团队，使他们的协作专注于促进学生的学习。

2. 为团队提供合作时间。杜富尔和马扎诺解释道："令人困惑的是，有许多学区宣扬教职工合作的重要性，而这些学区却没有提供对合作至关重要的时间和结构。"提供合作时间对成为一所开展数据驱动式教学的学校至关重要。学校领导可以通过各种方式为教师合作提供时间，包括使用晚起或早退的时间表，以及制定包含教师团队合作时间在内的总时间表。"这可能具有挑战性，但如果一所学校重视合作，分配时间对于将合作价值付诸实践必不可少。"

3. 提供支持结构以帮助小组成为团队。简单地将教职工组织成一个我们称之为团队的小组并不能确保他们能够作为一个团队发挥作用。弗拉纳根等人指出：

> 鉴于专业学习共同体的成功在很大程度上取决于学校教职工是否愿意共享彼此的实践，故而，如果没有高水平的关系信任，就不可能有效地建立一个高效的协作团队网络。

虽然团队发展是通过协作团队进行的，但学校领导可以确保在合作过程中建立特定的结构来培养教职工间的关系信任。为此，必须建立全校范围的规范。正如马扎诺等人指出的那样，“在我们看来，整个学校应该像一个由协作团队网络组成的专业学习共同体一样运作。如果这些合作团队想有效地运作，必须通过全校范围的规范联系起来”。

全校范围的规范为小组团队的规范的发展提供指导，并应该对其发展产生影响。因此，尽管小组团队的规范对于特定的群体来说可能有些特殊，但是学校范围的规范仍然支撑着它们。在建立全校范围的规范时，领导者需要记住，“少即是多”。全校范围的规范设定了对团队协作的总体期望，但是这些期待不应该太多，以至于消除团队自主发展的机会。例如，全校范围的规范可能包括以下陈述：

- 为所有学生实践合作式学习。
- 教授和评估切实可行的课程。
- 使用有数据依据的决策推动行动。
- 实践集体智慧，互相借鉴。

4. 明确协作团队必须完成的任务。确定协作团队正确的工作，并就工作包括哪些内容提供明确的指导，使协作团队成员能够在规定的时间内做好准备并取得成果。这也为学校领导提供了清晰的反馈，进而将其作为快速数据来监控协作团队是否正常运作。

作为得克萨斯州圆石市埃尔南德斯中学的校长，马里奥·阿科斯塔（Mario Acosta）通过专业学习共同体的协作循环阐述了相互问责的这一问题，该协作循环通过专业学习共同体的四个关键问题明确了团队在单元教学中必须完成的工作。图2.2描述了该协作循环。这个循环不仅明确了协作团队的工作，还支持学校领导审查团队协作的真实成果。

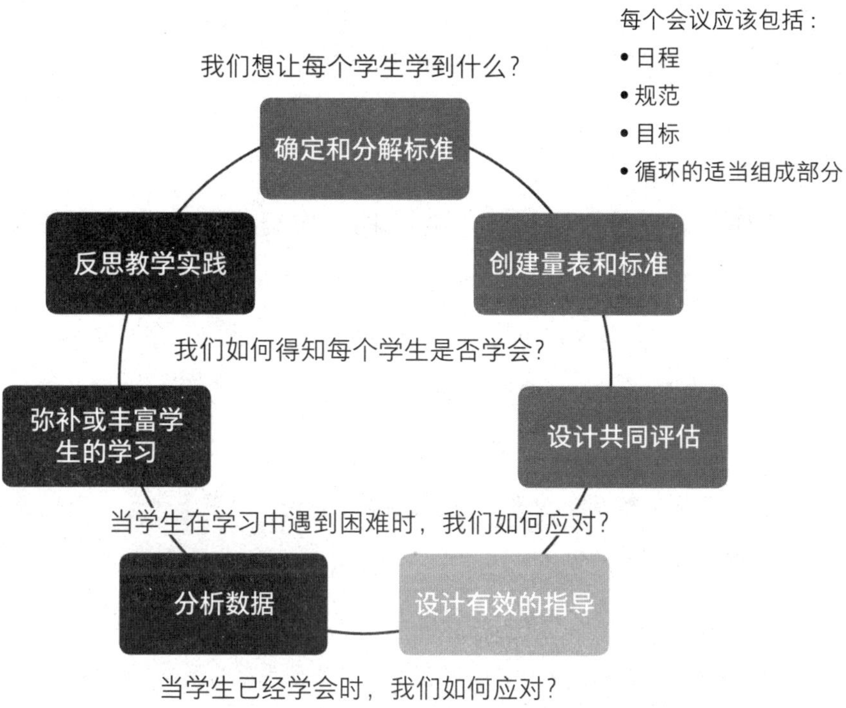

图2.2 专业学习共同体的单位协作循环

5. 监督团队合作，并在需要时提供指导和支持。通过合作，协作团队收获了实践成果，这些实践成果来自团队对正确工作进行的集体探究的对话。学校领导应定期收集和审查这些成果，以作为快速数据的来源。因此，他们可以监督团队的工作，并寻找单个团队可能需要帮助的领域。这些成果不应该为团队带来额外的工作量，而应该提供团队所做的特定工作的真实样本。这些样本可能包括共同评估、评价量表、共同评估结果、干预计划或团队创建的教学计划的副本。

如果学校领导已经清楚地表达了团队应该做的工作，那么这些成果将会告诉你，一个团队如何在工作中取得进展或者止步不前。许多学校领导落入了这样一种陷阱，即认为由于学校已经建立了团队结构，因而工作正在开展。俗话说，"量化的工作能做好"，正适用于这种情况。学校领导应定期审核协作团队，收集并审查具体的成果。

滞后指标

学校可以通过协作团队数字文件夹来识别和监控领先指标1.4的滞后指标，这些文件夹包含每个协作团队全年的工作成果。学校行政部门定期审查文件夹，并与这些团队一起庆祝优秀实践的成果，以加强正确的工作。

涉及领先指标1.4的其他滞后指标还包括：

- 协作团队每周至少开一次会，90%的会议时间用于讨论和研究课程、教学和评估。
- 学校设计的时间表支持合同规定的工作日内有合作时间。
- 学校提供或展示全校范围规范和个人团队规范的副本。
- 学校提供由协作小组创建的共同评估的副本。
- 学校概述一个具体的协作过程以指导团队的工作。
- 学校使用数据墙来监测学生的成绩，包括年级、学科，甚至协作团队。

快速数据和持续改进

为了收集和分析该指标的快速数据，学校领导可以让每个协作团队在每月的教职工会议期间，轮流向其他教职工报告其当前的工作。每个协作小组提供30秒的最新工作进展，其中包括协作小组关注的具体内容、组织的任何形成性评估的结果或使用的任何干预措施。当协作团队报告最新进展时，学校领导会听取报告，并在需要时提出具体问题。

其他快速数据的例子包括：

- 当被询问时，教师能够说出在任何给定的时间里，团队中具体的协作工作。
- 共同评估结果可根据要求提供。
- 教师能描述协作团队根据学生数据采取的具体学术干预策略。
- 学校使用数据墙持续监测学生的学习进展，包括年级、团队，甚至教师。

领导者问责制

领导者对这一领先指标的问责制包括监测是否制定了方案和做法，使协作团队定期互动，以解决有关课程、评估、教学及学生成绩的常见问题，并监测这些方案和做法是否产生了预期效果。领导者可以使用表2.8中的评价量表来评估他们相对于这个领先指标的进展情况。

学校领导在提升领先指标1.4的评价等级时面临的挑战之一是能否将教职工组织成协作团队。当学校领导者试图决定如何安置唯一的教师，或在类似学科（如美术）教授不同课程的教师时，可能会造成困难。为了克服这个障碍，请记住并非所有团队都需要步调一致或者做完全相同的工作。在组织团队时，领导者应该牢记，每个团队都必须明确关注提高学生学习和增强教学效率的方法。但这并不意味着每个团队必须从事同样类型的工作。

另一个挑战是如何为协作团队提供合作时间。可能的话，合作时间应

表2.8　领先指标1.4的评价量表

持续阶段	应用阶段	发展阶段	开始阶段	未曾尝试
学校通过快速数据不断获得信息，以监察教师团队及协作小组在课程、评估、教学以及学生成绩方面的工作，并在快速数据显示潜在问题时，采取适当的措施进行干预	学校为教师团队和协作小组建立了正式的、全校性的方案和做法，定期举行会议，讨论有关课程、评估、教学和学生成绩方面的问题，并且能够通过滞后指标展示这些行动的预期效果	学校为教师团队和协作小组建立了正式的、全校性的方案和做法，定期举行会议，讨论有关课程、评估、教学和学生成绩方面的问题	学校正处于不完善的起始阶段，尚未在全校范围内制定并实施明确的方案和做法，定期举行会议，讨论有关课程、评估、教学和学生成绩方面的问题	学校还未尝试在全校范围内制定并实施明确的方案和做法，以及定期举行会议，讨论有关课程、评估、教学和学生成绩方面的问题

该符合合同规定，即使这意味着要经常修改时间表，以利用偶然的机会使协作团队成员相见。

一旦学校建立了协作结构，学校领导必须持续监控快速数据并寻找问题，不要想当然地认为学校的所有团队都会持续进行专业合作。

领先指标1.5　教职工有正规的方式为学校实现最佳运营建言献策

虽然表面上看来相似，但这个领先指标不同于领先指标1.3，因为它不是指正式的决策，而是指教职工拥有建言献策的正规方式。正如费尔曼和麦克林所说，“组织的有效性受其对自身内部和外部问题、议题和关切的有效且一致的回应的影响”。正规结构和协议的投入是领先指标1.5的关键环节，使学校领导者能够对问题、议题和关切作出反应。

随着正规结构的建立，学校领导者清楚地传达了教职工为学校实现最佳运营建言献策，可以也应该使用的途径。通常情况下，学校领导者认为教职工会通过非正式的方式与他们分享想法，这种想法在许多情况下可能是正确的。但不代表所有情况都是如此，也不包括所有教职工。建立正规结构，并清楚地传达给教职工，表明学校领导愿意接受意见和建议。

为实现这一目的，使用像意见箱和相应的意见表这样简单的东西十分有效。例如，一位高中校长创建了一个名为“小事情，大不同”的意见表。在这个表格上，任何教职工都可以提出改善学校运作的建议，只要不是单纯的抱怨。

现代技术提供了一些简单而有效的方法来实施这一领先指标。如果学校领导计划使用意见箱技术，他们应该考虑该技术是否提供匿名性，因为在提出建议时，有些人认为匿名性很重要。例如，一个名为“Suggestion Ox”（www.suggestionox.com）的在线网站具有匿名建议技术。

在这个领先指标内，学校领导者必须公开考虑那些通过正规程序提出的想法。为实现这一点，领导者可以向提交建议的人提供全员反馈或者个人反馈，如果他们没有匿名提交建议的话。

这并不意味着领导者应该接受并实施教职工提供的每一个建议或想法。相反，这一领先指标使得学校领导能够拒绝采纳某些建议。但是，学校领导者必须向教职工解释，他们已经考虑了教职工的想法，并提供实施、修改或拒绝这些想法的理由。这个实践完成了交流的循环。通常情况下，没有进行充分的沟通将会造成这样一种感觉，即学校领导不重视教职工对学校的付出。

滞后指标

学校可以通过列出支持教职工建言献策的所有途径，分享教职工具体建议的方式，来识别和监察领先指标1.5的滞后指标。对于教职工而言，列出建言献策所有途径的文档有很大益处，因为它使教职工清楚地看到建言献策的所有正规方式。若是记录建言献策途径的表格已经完成，但是教职工依旧觉得他们没有足够的途径建言献策，领导者可以探索其他渠道。

涉及领先指标1.5的其他滞后指标包括：

- 85%的教职工同意自己有正规的方式为学校实现最佳运营建言献策。
- 学校存档教职工通过已建立的正规方式所提出的想法的数据。
- 学校领导记录收到的正式建议，以及学校如何根据这些建议采取举措。
- 学校向教职工提供正式反馈，说明领导如何考虑教职工所提供的意见的实施。

快速数据和持续改进

为了收集和分析这一领先指标的快速数据，学校可以让领导团队的三名成员列出一份清单，记录他们在四周时间内看到或听到的教职工建言献策的所有方式。月底，这三名成员与学校领导小组分享他们的调查结果，并讨论他们是否认为根据快速数据，教职工提出了适量的建议。

其他快速数据的例子包括：

- 教师回顾领导者依据收到和审议的意见，向教职工提供的具体反馈。
- 教师明确为学校的最佳运营建言献策的具体时间。
- 领导者与教师快速对话，以评估教师对学校现有的建言献策的正规结构的了解。

领导者问责制

领导者对这一指标的问责制涉及监测是否制定了方案和做法，使教职工能够就学校实现最佳运营建言献策，并监测这些方案和做法是否产生了预期效果。领导者可以使用表2.9中的评价量表来评估他们相对于这个领先指标的进展情况。

表2.9　领先指标1.5的评价量表

持续阶段	应用阶段	发展阶段	开始阶段	未曾尝试
学校通过快速数据不断获得信息，以监测教职工有正规的方式为学校实现最佳运营建言献策，并在快速数据显示潜在问题时，采取适当的措施进行干预	学校在全校范围内制定并实施了明确的方案和做法，使得教职工有正规的方式为学校实现最佳运营建言献策，并且能够通过滞后指标展示这些行动的预期效果	学校在全校范围内制定并实施了明确的方案和做法，让教职工有正规的方式为学校实现最佳运营建言献策	学校正处于不完善的起始阶段，尚未在全校范围内制定并实施明确的方案和做法，让教职工有正规的方式为学校实现最佳运营建言献策	学校还未尝试在全校范围内制定并实施明确的方案和做法，让教职工有正规的方式为学校实现最佳运营建言献策

首先，学校领导者在提升领先指标1.5的评价等级时面临的挑战包括：确保教职工能意识到他们拥有的建言献策的所有机会。例如，为使教职工就学校实现最佳运营建言献策，一所高中提供了两个不错的机会。一是，学校分发了一个名为“设想一下”的意见表，教职工可以填写意见表，并提交给办公室。二是，学校每季度举行一次面对面的公开建言献策会议，任何教师都可以参加，讨论学校存在的问题和改进的想法。虽然这两种方式都很管用，但学校管理人员只在年初的返校会议上提到这两种途径，接

下来的一年里，从未提醒教职工存在这些建言献策的机会。许多新教师处理的信息十分繁杂，以至于完全错过了这些机会，而其他教职工则忘记了这些机会的存在。

其次，领导者还面临着另外一个挑战，那就是向教职工反馈他们收到的意见。例如，在一所高中，领导者经常就各种问题征求教职工的意见。然而，在接受调查时，教职工却表示不知道。问题就出在领导者没有向教职工提供反馈，使教职工认识到学校是如何利用他们提出的意见。这所高中的校长基本承认了自己缺乏对教职工的反馈，他说，他认为教职工会在实践中认识到自己的意见已经付诸实践。

最后，我们看到一些学校领导者犯了这样一个错误，即没有与教职工沟通为何不执行他们提出的某些建议。举一个例子，一群教师建议改变高中的期末考试时间表。这个建议是在一位教师和副校长面对面的谈话中提出来的。在审查了这项建议之后，学校管理部门决定不采纳这项建议，因为学生的交通时间表涉及一些同时为其他学校服务的巴士路线。在这种情况下，学校管理人员只是继续执行当前的时间表，而没有与提出建议的教职工沟通不能更改时间表的原因。因此，他们给一些教师留下了错误的印象，认为学校没有考虑教师的意见。然而事实上，学校已经深入考虑了这些意见。

领先指标1.6　学生、家长和社区有正规的方式为学校实现最佳运营建言献策

为了实现这一领先指标，学校领导必须为学生、家长和社区创造具体而正规的方式为学校建言献策。虽然有些家长会通过给学校发电子邮件、打电话或者直接到学校找学校领导等方式表达他们的意见，但是这一领先指标使得学校重新掌控建言献策过程如何发生。而且，这一领先指标表明

了以上群体的意见对学校领导至关重要，学校领导正式征求这些意见。正如我们在领先指标1.5中所说，尽管这些群体的意见至关重要，学校领导仍应权衡这些意见的内容、主题和合法性以决定是否执行它们。

学校领导者可以使用技术，并通过多种方式来实现这一目的。能直接链接到特定调查问卷的二维码代表了一种易于使用的选择。例如，为了积极寻求家长的意见，得克萨斯州罗克沃尔的弗吉尼亚·莱因哈特小学将二维码直接链接到一个简短的家长调查。当家长们在办公室等候，也许是为了接孩子赴约时，他们可以通过二维码向学校提供意见。此外，如领先指标1.5所述，基于网络的意见箱应用程序，如“Suggestion Ox”（www.suggestionox.com），十分易于设置，是一种有效的收集意见或想法的方式。当然，只要有人定期管理，事实证明，使用传统的意见箱同样有效。

滞后指标

学校可通过审查每月收到的家长或社区意见，识别和监察领先指标1.6的滞后指标。此外，学校领导可以设置家长或社区每月提供意见的最低限制。例如，学校可以规定每月至少与家长和社区沟通25次。

涉及领先指标1.6的滞后指标还包括：

- 80%的家长至少能够说出一种自己就学校的最佳运营建言献策的方式。
- 学校设有数据收集系统，从学生、家长和社区收集有关学校最佳运营的意见数据。
- 学校领导与学生和家长举行焦点小组会议。
- 校长会利用网络应用程序收集社会人士对个别事宜的意见。

快速数据和持续改进

为了收集和分析这一领先指标的快速数据，学校可以关注它们在家长焦点小组中收到的反馈。在一所学校，校长和副校长每隔一个月交替参加有家长参与的焦点小组讨论。领导们随机挑选家长，并邮寄邀请函，正式邀请他们参加焦点小组，并且邀请函上附有讨论议题的议程。领导们向每个焦点小组寄出了15份邀请函。在第一学期，焦点小组的参与率略高于80%。在第二学期，参与率下降到刚刚超过60%。这种情况有助于使学校认识到最初的三至四个月是家长们建言献策的黄金时间。

快速数据的其他例子包括以下内容：

- 父母明确他们可以建言献策的正规途径。
- 学生明确他们何时将被纳入焦点小组并分享他们的观点。
- 学生明确学校领导或教师曾就哪些具体问题征求他们的意见。

领导者问责制

学校领导者对这一领先指标的问责制包括监测是否制定了方案和做法，使学生、家长和社区为学校实现最佳运营建言献策，并监测这些方案和做法是否产生了预期效果。领导者可以使用表2.10中的评价量表来评估他们相对于这个领先指标的进展情况。

学校领导者在提升领先指标1.6的评价等级时面临的挑战包括，在刚开始建立正规建言献策方式时，如何让学生、家长和社区养成习惯，使用这些方式建言献策。例如，一所小学在办公室设立了一个家长意见箱，并让家长知道了它的存在。然而，在头两个月，只收到了三份意见。然后，学校决定改用数字意见箱的形式，因为家长和社区认为数字意见箱更容易使用。

表2.10 领先指标1.6的评价量表

持续阶段	应用阶段	发展阶段	开始阶段	未曾尝试
学校通过快速数据不断获得信息，以了解学生、家长和社区有正规的方式为学校实现最佳运营建言献策，并在快速数据显示潜在问题时，采取适当的措施进行干预	学校在全校范围内制定并实施了明确的方案和做法，学生、家长和社区有正规的方式为学校实现最佳运营建言献策，并且能够通过滞后指标展示这些行动的预期效果	学校在全校范围内制定并实施了明确的方案和做法，让学生、家长和社区有正规的方式为学校实现最佳运营建言献策	学校正处于不完善的起始阶段，尚未在全校范围内制定并实施明确的方案和做法，让学生、家长和社区有正规的方式为学校实现最佳运营建言献策	学校还未尝试在全校范围内制定并实施明确的方案和做法，让学生、家长和社区有正规的方式为学校实现最佳运营建言献策

由于语言或文化障碍，如何从特定人口群体收集意见也是一个挑战。例如，有些家长不习惯对学校提供意见，因为这不符合他们的文化规范。

最后一个挑战是如何与学生、家长和社区进行沟通，让他们知道学校收到了他们的意见。为了解决这个问题，一位高中校长在他的通讯月刊中设立了一个部分，专门用于反馈他从家长和社区收到的不同建议。他列出了当月收到的建议，随后简短地叙述了学校对这些建议的回应。

领先指标1.7　学校认可整个学校的成功，也认可学校内部所有个体的成功

适当地承认组织内部人员的贡献和成功对于保持一个健康的组织文化至关重要。在汤姆·拉斯（Tom Rath）和唐纳德·克利夫顿（Donald Clifton）合著的《你的桶有多满？》中，他们引用盖洛普的研究表明，当

员工得到定期的认可和表扬时，他们表现出的个人生产力更高，与同事的合作效率也更高，并且他们更有可能长期留在组织中。

我们必须考虑领导的几种关键行为，以有效地解决这一领先指标。首先，学校领导必须确保他们能适当地认可教职工，并且有各种策略来保障这一点。为此，学校领导应该花时间了解哪些教职工适用于公开庆祝，哪些教职工适用于私下庆祝。当然，作为公共庆祝的焦点时，总会有一些教职工或学生感到无所适从。此时，一些简单而真诚的物品的效果反而更好，比如私人便条或庆祝成功的信。

其次，学校领导应该表彰那些展现出高质量实践的具体行动和成就，而不仅仅因为轮到表彰某位教职工而表彰他们。学校领导者表彰的教师或行为明确传达了他们有何期望。因此，领导者应该表彰那些他们希望能复刻的实践和成就。

最后，学校领导者必须确保他们提供充足的机会来表彰和赞扬所有学生和教职工。建立协议以认可学生在学生生活的多个方面取得的成功，可以确保领导者不会过分赞美某些学生或学生生活的某些方面，而忽视其他方面。同样的道理也适用于表彰教职工在对学校运作具有关键意义的所有领域取得的成功。

这一领先指标还为学校提供了一个机会，使学校能够创造对其总体使命和文化产生独特和关键影响的表彰制度。

滞后指标

学校可以通过创建一份已经表彰过的清单，一份应该表彰的清单，以及一份表彰相关的时间和费用的指导方针，来识别和监测领先指标1.7的滞后指标。然后，领导者监督并设定每季度表彰活动的次数。显然，有些表彰活动更多的是基于实时事件自然进行的，但领导者可以提前计划其他表彰活动。例如，当学校成绩数据达标时，领导者可以计划并安排表彰活动。即便学校的成绩数据并不总是值得庆祝，但领导者几乎总能在隶属小组、特定科目，甚至是科目的课题中找到值得表彰的成绩。

涉及领先指标1.7的其他滞后指标还包括：

- 90%的学生和教职工认为他们因表现出色得到了表扬。
- 学校有具体的说明和适当的协议认可和庆祝学生。
- 学校有具体的说明和适当的协议认可和庆祝教师。
- 在学校里可以看到表彰和庆祝的成果。

快速数据和持续改进

为了收集和分析这个指标的快速数据，学校可以让一个年级或部门记录他们在两周内看到的个人、团队或整个学校因工作出色而受到表彰的次数。然后，与学校领导团队分享这些数据。

其他快速数据的例子包括：

- 让学生解释他们和同伴在学校获得认可和赞美的不同方式。
- 教职工明确哪些同事获得了表彰及其获得表彰的理由。
- 焦点小组的数据表明父母知道他们的孩子在学校得到表彰的具体方式。

领导者问责制

学校领导者对这一领先指标的问责制涉及监测学校是否有方案和做法用以赞美和表彰整个学校和校内个人的成就，以及这些方案和做法是否产生了预期效果。领导者可以使用表2.11中的评价量表来评估他们相对于这个领先指标的进展情况。

表2.11　领先指标1.7的评价量表

持续阶段	应用阶段	发展阶段	开始阶段	未曾尝试
学校通过快速数据不断获得信息，以监测教职工在多大程度上认为自己的贡献得到了认可和赞誉，并在快速数据显示潜在问题时，采取适当的措施进行干预	学校在全校范围内制定并实施了明确的方案和做法，认可整个学校的成功，也认可学校内部所有个体的成功，并且能够通过滞后指标展示这些行动的预期效果	学校在全校范围内制定并实施了明确的方案和做法，学校认可整个学校的成功，也认可学校内部所有个体的成功	学校正处于不完善的起始阶段，尚未在全校范围内制定并实施明确的方案和做法，以认可整个学校的成功和学校内部所有个体的成功	学校还未尝试在全校范围内制定并实施明确的方案和做法，以认可整个学校的成功和学校内部所有个体的成功

学校领导者在提升领先指标1.7的评价等级时，如果只认可团队和学校的成就，不认可个人的成就，就会面临一些挑战。有时，领导者不愿意单独表彰一个教师，即使他或她已经取得了引人注目的个人成就。举例来说，如果一位教师确保她班上的所有学生都达到了今年的学业成长目标，所有的教师都肯定其对学生的成功起到了一定的作用，在这种情况下，表彰个别教师仍然是合适的。如果不这样做，就会让教师觉得自己的额外努力没有得到重视。

另一个挑战出现在学校只认可和赞美个人，而非教师团队的时候。教师团队应该在一个高度协作的环境中工作。当一所学校不认可和尊重团队成就时，可能会传递出这样的信息：学校并不认可团队成就对实现学校目标的价值。

领先指标1.8　学校以直接支持教师的方式管理其财政、运营及技术资源

领导者必须管理以直接或间接方式支持教师的多种资源。虽然与资源有关的讨论往往集中在财政资源上，但学校领导也必须关注其他类型资源的管理，以支持教学和学习。例如，学校领导需要管理运营资源，因为它们在改善教学方面有很大的潜力，而且每所学校都拥有特定的运营资源。

学校的主时间表由关键的运营资源决定。学校领导应该不断地评估他们如何在学校分配时间来支持教学和学习。例如，内布拉斯加州韦弗利市韦弗利高中的校长在新生的跨课程小组中施行了一个灵活的时间表，允许每个小组决定如何利用每天从第一节课到第四节课的时间。教师团队可以灵活地等量增加每个核心科目的教学时间，或者根据每个课程内容的教学活动计划，使特定内容的教学时间超出其他内容。

利用这种策略，教师团队可以合理分配时间，以不同的方式支持学生的学习，比如对一个较大的小组进行评估，以便为其他内容领域的教学创造更多的时间。例如，一个协作团队的学生在同一时间进行世界历史评估。然而，因为协作小组的计划，并在该组学生的每门课上分配了30分钟，所以评估可能是在数学或科学课堂上以较小的小组形式进行的。考试结束后，世界历史教师立即开始评分，学生已经完成考试，不需要轮流上历史课。这为其他核心课程内容的教师提供了额外的时间与学生在一起，这样他们就可以计划小组干预或让学生参与需要一些额外时间的学习活动。

教师可以使用同样的策略为特定的课程内容提供额外的时间。例如，科学教师可以要求在特定的一天里，每次轮换都有10分钟的延长时间，以确保他们有足够的时间在每个班级进行实验。为了增加额外时间，其他

课程内容都将当天的授课时间减少了10分钟，学生利用这些时间来进行科学实验。

学校领导同样需要管理学校的技术资源。他们必须制定结构和协议，以确保教职工正确使用这些技术资源。学校领导必须做出规划的最重要的技术资源之一是在学校里掌握技术的教职工的高可用性。很多时候，学校已经配备或即将配备某些技术资源，但却没有考虑到如何支持这些技术资源的使用和维护。使得这个问题更加复杂的是，许多学校没有足够的教职工有时间或能力来做这项工作。为了解决这个问题，领导者必须考虑不同的选择，包括在特定范围内使用学生助理。

滞后指标

一所学校可以通过制定“我们的需求”清单，让教师在学年结束时填写对来年的期待，从而识别和监测领先指标1.8的滞后指标。教师可以要求学校在来年的课堂上提供他们需要的具体用品和资源，并按照优先次序对这些需求进行排序。然后，学校领导根据教师的当务之急，在预算范围内尽可能多地购买所要求的物品。当新学年开始，教师返校工作时，他们使用这一需求清单来确认收到了学校购买的物品，在清单上签字，并返还给校长。

涉及领先指标1.8的其他滞后指标包括：

- 80%的教师表示拥有有效教学所需的资源。
- 学校领导可以评估和利用各种资源（例如，助学金和职称基金）。
- 学校为教师利用技术资源开展教学制定了预算和协议。
- 学校设计课程表是为了最大限度地提供教与学的机会。

快速数据和持续改进

为了收集和分析这一领先指标的快速数据，学校可以通过快速审查笔记本电脑中购物车的结账表格，来监测课堂上的技术使用情况。这些表格显示了教师使用笔记本电脑的频率，以及他们使用笔记本电脑的具体内容和课程。

其他快速数据的例子包括：

- 教师明确学校提供哪些具体资源以支持他们的教学实践。
- 预算信息显示学校为支持课堂教学而购买的具体资源。
- 教师描述为支持他们在课堂上使用技术而接受的具体技术培训。

领导者问责制

领导者对这一指标的问责制包括监测学校是否制定了方案和做法，以支持教师的方式管理财政、运营和技术资源，并监测这些方案和做法是否产生了预期效果。领导者可以使用表2.12中的评价量表来评估他们相对于这个领先指标的进展情况。

表2.12　领先指标1.8的评价量表

持续阶段	应用阶段	发展阶段	开始阶段	未曾尝试
学校通过快速数据不断获得信息，监测学校的财政、运营及技术资源对教师的支持程度，并在快速数据显示潜在问题时，采取适当的措施进行干预	学校以支持教师的方式管理其财政、运营及技术资源，并且能够通过滞后指标展示这些行动的预期效果	学校以支持教师的方式管理其财政、运营及技术资源	学校正处于不完善的起始阶段，尚且不能以支持教师的方式管理其财政、运营及技术资源	学校还未尝试以支持教师的方式管理其财政、运营及技术资源

学校领导在提升领先指标1.8的评价等级时面临的挑战包括，在这一领先指标的财政资源方面陷入困境。尽管这是一件很自然的事情，特别是考虑到预算紧张，学校领导应该更多地关注他们的运营和技术资源，因为他们对这些资源的控制力更强，创造性地分配这些资源可以对课堂提供支持。换句话说，资金和技术不是支持教师的唯一途径。为教师提供对资源的控制权，可以使教师自己产生高度创造性的支持形式。

虽然技术资源无疑是所有学校的重要资源，但有些学校的技术资源并不像其他学校那么多。学校领导可以通过创造性地分配现有技术和自带设备的倡议来缓解这一挑战，这些倡议允许特定项目战略性地分配技术资源。

第一级转变

创建数据驱动式教学模型的第一级别涉及一所运作良好的学校的基本因素。谁会质疑安全、有序和支持性的重要性呢？尽管这些因素看起来平平无奇，但我们发现，以嵌入领导高可靠性过程中的领先指标和滞后指标的形式直接处理这些因素，可以产生深远的，有时超出预期的结果。下面是一些例子：

> 克里斯蒂·范多恩（Kristy VanDorn），在鹿溪学区实施建设高可靠性学校模式的同时，就任俄克拉何马州埃德蒙市鹿溪中学的校长一职。正如她所说，她从建设高可靠性学校模式中学到了很多关于领导力和学校文化的知识：
>
> “作为一名新校长，建设高可靠性学校对我来说是一本强有力的指导手册。通常，新任校长在担任新的领导职务时往往不知道从哪里开始，不确定应当首先解决哪些问题。建设高可靠性学校项目为我提供了每个层次的方向和步骤，并且这些方向和步骤都是经过

研究证明和时间检验的。我喜欢建设高可靠性学校为每个层次提供的指导，但它没有告诉你如何具体实施每个策略，你可以将这些策略塑造成适合你所在学校文化的东西。”

2013年，洛斯卢纳斯学区成立了一个地区级的倡导团队，与该地区的每所学校合作并直接提供支持。随着该地区开始实施建设高可靠性学校框架，负责人达纳·桑德斯（Dana Sanders）要求该地区的倡导团队将建设高可靠性学校框架作为他们在该地区所支持的学校的共同重点。建设高可靠性学校的强大之处在于对每所学校都有共同的期望，但在学校努力获得建设高可靠性学校前三个层次的认证时，仍然允许个别学校的需求有所区别。2016年，几乎该地区的所有学校都有所进步，新墨西哥州学校成绩报告显示，该地区有八所学校的成绩提高了两个或以上的国家问责等级，两所学校提高了一个国家问责等级。

在米德兰地区的赫伯特·亨利·道高中担任副校长时，有人给德克·德波尔（Dirk DeBoer）介绍了建设高可靠性学校模式。下一年，他被选为米德兰地区的东北中学校长后，在该校实施了建设高可靠性学校过程。此处，德波尔谈到了建设高可靠性学校第一层次的工作及其对他所在的新学校的影响：

“在东北中学的第一年，教职工在学年开始前完成了第一层次的调查。教职工认识到需要收紧规程，让更多的教职工参与决策，并建立一个有意义的合作体系。因此，我们提高了学生纪律的一致性，实施了专业学习共同体过程，并组建了两个目标明确的咨询团队（教师支持和培训以及专业学习共同体领导力）。这些变化不仅大大改善了东北中学的精神面貌，也为我们努力达成更高的成就打下了坚实的基础。”

结论

创建数据驱动式教学模型第一级别的领导力侧重于创造一种安全有序且具有支持性的文化。这支撑了数据驱动式教学模型的第二大理念——协作文化。第一层次共有八个领先指标。对于一所学校来说，若要宣称自己相对可靠地达成了第一层次目标，领导者必须制定出具有明确完成标准的滞后指标。即使学校达到了这些完成标准，也必须继续收集快速数据，以监测和应对在八项指标方面的表现差异。

CHAPTER

3

有效课堂教学

数据驱动式教学模型第二层次关注的是在每个课堂上开展有效教学。当然，这与理查德在导语中描述的六个关键问题中的第五个问题直接相关：我们如何提高自身教学能力？

许多知名度很高的研究已证明了教师对学生学习的影响，据此可以推断出，帮助教师不断提高教学能力非常重要。例如，20世纪90年代末，桑德拉·霍恩（Sandra Horn）等人对大约6万名三年级和五年级学生的成绩进行了研究，他们得出结论：

> 教师是影响学生学习最重要的因素。此外，研究结果显示，不同教师之间的教学效率差异很大。这一发现直截了当地告诉我们，提高教师的教学有效性似乎比其他任何单一因素都更有可能提升教育质量。

凯蒂·海柯克（Kati Haycock）解释说，两名学生能力相同，但却受教于两位不同的教师：一位教师教学效率很高，另一位教师却很低。在这种情况下对比两名学生学习上的差异，那么所得的研究结果最具有说服力。海柯克的研究表明，前者所教学生的成绩会提高83%，而后者所教学生的成绩会提高29%。对此，海柯克（1998）表示，“两者竟然相差50%，真是令人大吃一惊。我们都很清楚，相差的这50%就相当于‘需要补习’和‘有待进步’甚至‘资质优秀’之间的差别”。

由于其研究氛围之大和严谨度之高，芭芭拉·奈（Barbara Nye）等人撰写的揭示教师对学生学习影响的研究引用率可能居于首位。他们将研究结果总结如下：

> 研究发现，教学有效性为25%的教师（教学效率不那么高的教师）和教学有效性为75%的教师（一位优秀教师）在提升学生阅读成绩上的差异超过1/3标准差（0.35），在提升学生数学成绩上的差异接近一半标准差（0.48）……毫无疑问，这些结果会对制定政策产生显著的影响。

虽然这项研究清楚地表明，能力强的教师是学校提高学生学习能力的关键，但该研究没有明确指出学校如何帮助教师不断提高自身的能力水平。用数据驱动式教学模型的术语来说，该研究并没有就培养有效课堂教学的领先指标提供指导。也就是说，这项研究并没有明确说明，一所学校如何做才能确保所有教师在教学过程中都能胜任工作并超常发挥。

数据驱动式教学模型第二级的领先指标为这个问题提供了方向和指导。如果学校领导者成功实现第二级的指标，那么，教师在教学实践中的教学效率几乎不可能仍未提高。即使是不愿参与教学能力提升的教师也会发现，在一所实现数据驱动式教学模型第二级领先指标的学校里，他们很难置身事外。

数据驱动式教学模型第二级包括六个领先指标：

2.1 学校针对教师应该如何开展教学描绘出一个清晰的愿景。

2.2 学校支持教师通过反思和专业成长计划不断提高自身教学技能。

2.3 学校了解并监督主要的教学实践。

2.4 学校基于多方数据，并结合学生成绩数据，为教师提供关于其教学优势和劣势的明确性和持续性评价。

2.5 学校为教师提供与教学成长目标直接相关的工作嵌入式专业发展。

2.6 教师有机会观察有效教学并进行讨论。

领先指标2.1 学校针对教师应该如何开展教学描绘出一个清晰的愿景

该领先指标是成功实现数据驱动式教学模型第二级的关键。有关教学领导力的研究明确表明，学校拥有清晰的愿景、共同语言和教学实践模式非常重要。华莱士基金会的“从领导力中学习”项目（Wallace Foundation's Learning From Leadership Project）认为，关注有效教学策略对学校整体成绩非常重要：“优秀的校长如何为学校建立一个以提高学生成绩为中心的愿景？首先，他们强调以研究为基础的策略的价值。”罗伯特·马扎诺等人也指出，一个学区或学校要提升教师专业技能，必须首先建立教学知识库。优秀的学校领导会注重发展一套关于有效实践的共同词汇。

为了使每个课堂都开展有效教学，学校领导首先需要建立一种共同语言或教学实践模式。从本质上讲，学校需制定明确的方案，帮助学生在课堂上学习。学校应以有效实践研究为基础建立其教学模式，并将该模式清晰传达出来。

为了促进教师成长，学校应使其教学模式全面化。全面的教学模式可以让各专业水平的教师都有机会得到提高。在任何诸如教学这种复杂领域中，专家们都拥有各种策略可以运用到其工作中，但是新手可以使用的策略却相对较少。因此，在该指标下，学校的教学模式应该包括大量的教学策略。

为了说明这一点，我们使用了《新教学艺术与科学》(*The New Art and Science of Teaching*)中的教学模式，如表3.1所示。这个模式包含10个范畴，43个要素。这10个范畴又被分为三大类：(1)反馈；(2)内容；(3)情景。

值得注意的是，43个要素每一项都包括一些表3.1没有列出的具体策略。例如，要素24(提高课堂回答率)包括以下九项具体策略：

1. 随机点名
2. 运用手势
3. 回答卡片
4. 链条式回答
5. 配对回答
6. 集体回答
7. 耐心等待
8. 详细阐释
9. 提问类型多样化

对于这个指标，校长和学校其他管理人员必须发挥主导学习者的作用，并对他们期望看到的教学策略有深刻理解。这并不意味着学校领导必须掌握教学语言中的所有教学知识，但他们需要知道的是，如何在理解预期教学策略之后有把握将其成功传达出来。

学校领导应该阐明学校的教学语言，形成纸质文件以便教师参考。大多数时候，如果只有电子文件，教师就会“眼不见，心不念”，从而很容易将其抛之脑后。

我们发现，有些学校领导喜欢用教学概要的形式来阐释学校的教学

表3.1 《新教学艺术与科学》中的教学模式

反馈	内容	情景
制定并传达明确的学习目标 1. 制定评分表和评分细则 2. 跟进学生的进步 3. 庆祝成功 **运用评估策略** 4. 对全班进行非正式评估 5. 对学生个体进行正式评估	**开展直接指导课程** 6. 拆分内容 7. 加工内容 8. 记录和表征内容 **开展实践和深化课程** 9. 使用结构化练习课程 10. 区分异同 11. 检查推理错误 **开展知识应用课程** 12. 让学生参与复杂的认知任务 13. 提供资源和指导 14. 形成并捍卫主张 **使用所有类型课程中出现的策略** 15. 预习策略 16. 突出关键信息 17. 复习内容 18. 修正知识 19. 学习反思 20. 布置有目的的作业 21. 详述知识 22. 组织学生互动	**运用参与策略** 23. 关注学生不专心的情况，并做出应对 24. 提高课堂回答率 25. 运用肢体动作 26. 保持节奏活泼 27. 展现激情和热爱 28. 呈现不寻常的信息 29. 开展友好辩论 30. 开展教学游戏 31. 给学生机会谈论自己 32. 激励和鼓舞学生 **建立规则和程序** 33. 制定规则和程序 34. 规划教室实际布局 35. 全方位展示 36. 鼓励遵守规则和程序的行为 37. 制止违反规则和程序的行为 **建立关系** 38. 运用言语和非言语行为表达对学生的喜爱 39. 了解学生的背景和兴趣 40. 展现出客观性和控制力 **寄予厚望** 41. 对于不愿意学习的学生，看到其长处并给予尊重 42. 对于不愿意学习的学生，提出深入性问题 43. 与不愿意学习的学生一起探究错误答案

模式，如表3.1（续）所示。这种形式简洁明了，可以作为快速参考指南，提醒教师学校领导应该观察到的三类教学策略："几乎每天使用"，"偶尔使用"和"不应使用"。

表3.1（续） 教学概要一览表示例

几乎每天使用	偶尔使用	不应使用
• 明确学习目标和范围 • 明确课堂惯例和程序 • 对学生个体和班级整体进行形成性评估 • 将内容拆分成容易消化的小单元 • 教师全方位关注 • 当学生分心时，教师要注意到并采取相应措施 • 将学生分成小组进行讨论 • 教学质量和及时反馈 • 提问策略 • 随机点名 • 耐心等待 • 提问类型多样化 • 使用提示语对问题进行解释	• 预习内容 • 学生追踪自身学习进步 • 教学游戏 • 学业词汇教学 • 区分异同 • 检查推理错误 • 了解学生的背景和兴趣 • 给学生机会谈论自己（内容与课程内容相关）	• 讽刺或批评学生 • 分散学生注意力 • 对学生的期望值低 • 只有教师参与内容讨论或活动

滞后指标

学校可以通过建立教师最佳实践档案来确定并监督领先指标2.1的滞后指标，在该档案中，教师收集两到三件关于学校教学模式不同要素的最佳实践案例。学校可以将这些档案收集起来并归档到所有教师可以访问的数字文件夹中，方便教师向同事学习。

涉及领先指标2.1的其他滞后指标包括：

- 学校有一份阐明全校教学模式的书面文件。
- 学校为新教师提供有关全校教学模式的专业发展机会。
- 教师在被问及全校教学模式时，能够描述其主要要素。

快速数据和持续改进

为了收集和分析该指标的快速数据，学校可以让管理人员定期组织学生焦点小组。每名管理者随机选择八到十名学生，询问他们教师目前在不同班级中使用的具体教学活动。管理人员不会要求学生具体到某位教师，而是要求他们回想教师在课堂上为帮助学生学习而进行的不同教学活动。然后，管理人员将这些活动归入学校教学模式的具体要素下。

其他快速数据的例子包括：

- 学生调查显示，教师运用了学校教学模式中的具体课堂教学策略。
- 当被问及时，教师能够提及运用了学校教学模式中的哪些教学策略。
- 听课观察数据清楚反映了学校教学模式的实践情况。

领导者问责制

在该指标下，领导者要负责监测用于实施全校教学语言或教学模式的方案和做法是否到位，以及这些措施是否达到预期效果。领导者可以使用表3.2中的量表评估其效果。

如果领导者不实施教学模式，而只是简单列出一系列结构上不相关联的教学策略或实践，那么他们会很难推进表中各个阶段。如前所述，如果领导者提供给教师的教学模式文件是电子版而不是纸质版，也可能会遇到问题，因为教师很容易将电子文件忘得一干二净。

一旦学校领导建立了教学模式，就应确保学校每位教师谈论教学实践的方式都能反映该模式。反过来说，如果已经实施一种教学模式，但学校领导自己却不持续使用这种共同语言，那么该模式就不会融入学校文化。

表3.2　领先指标2.1的评价量表

持续阶段	应用阶段	发展阶段	开始阶段	未曾尝试
学校通过快速数据源不断积累信息，监督全校性教学语言或模式实施一致性程度，并在数据显示存在潜在问题时采取适当干预行动	学校已经实施全校性教学语言或模式，而且可以产生滞后指标来展示这些措施的预期效果	学校已经实施全校性教学语言或模式	学校初步实施全校性教学语言或模式，但尚未完成	学校未曾尝试实施全校性教学语言或模式

领先指标2.2　学校支持教师通过反思和专业成长计划不断提高自身教学技能

华莱士基金会的“从领导力中学习”项目指出，校长“根据为学校制定的教学愿景，帮助教师学习和成长”的能力是判定校长教学领导力“高效”的决定性特征。具体而言，该领先指标是指为教师创造机会，让他们根据学校教学模式中的具体教学实践内容来区分自身专业发展。

在这个过程中，学校领导必须鼓励教师敢于冒险，制定提高自身能力的成长目标。为此，可以参考表3.3中汤姆·森宁纳（Tom Senninger）的学习区模型。

很多时候，人们总是在自己的舒适区制定目标，这样成功便是囊中之物。在舒适区设定目标符合设定目标这一行为的规划，但成长机会却少之又少，因为他们已经能胜任所选领域。例如，如果一位教师已经能够熟练地与学生建立并维持良好关系，但他的目标还是要在这方面有所提高，那么他就无法取得实质性教学进步。

表3.3 学习区模型

恐慌区目标	在这个区域设定的目标会限制个人发展，因为这些目标对个人成长来说已经远超出自身的能力范围。与该区域相关的情绪包括： 焦虑、紧张、压力、不情愿、恐惧
延展区目标	在这个区域设定的目标为个人发展提供了理想的机会。与该区域相关的情绪包括： 兴奋、期望、挑战、期待
舒适区目标	在这个区域设定的目标对个人发展几乎没有助益。此区域代表的是个人已经能够胜任的领域，设定目标仅仅是一个遵守问题。与该区域相关的情绪包括： 安全、轻松、无聊、没有挑战

人们设定的目标也可能过高。目标过高可能会让他们陷入恐慌区，最终导致他们半途而废，从未真正向目标努力。例如，一位教师不擅长使用技术设备，但是他或她的目标是掌握一种自身一无所知的教学技术。虽然这种想法值得赞扬，但如果教师进展很小或者毫无进展，可能会陷入令人崩溃的挫败感中。

理想情况下，教师应该把目标定在“延展区”。一般来说，学习者制定的学习目标应该既具有挑战性，又具有实现可能性。设定在延展区的学习目标既是一种挑战，又能够实现，满足这个标准。该指标的关键是，学校领导必须为教师创造条件，让他们愿意承担风险，制定可以推动他们进入自身延展区的目标，这样教师便能针对专业成长进行专门练习。

在《成为反思型教师》(*Becoming a Reflective Teacher*)一书中，马扎诺指出，专门练习会使教师的能力随时间的推移不断提高，进行专门练习的个体通过“不断努力达到精通”。为了鼓励教师进行专门练习，学校领导需要明确表达他们希望教师在探索新的实践内容时，能够承担风险，拼搏奋斗。

为此，领导者需要在特定的时间里，比如在第一学期里，不将教师的具体成长目标领域列入任何评价范围。例如，如果一位教师为了提高学生参与度，打算多使用肢体动作，那么，在第一学期，学校领导不会对该教师的这种尝试进行评估打分。领导者可以评估该教师的其他实践，但不包括肢体动作的使用，以鼓励教师在此方面获得成长和发展。

学校领导还应该创造条件，让教师将自身的成长目标置于自觉实践的最前沿。很多时候，教师制定好目标后，就将其束之高阁，然后忘得干干净净。教师制定目标后要想取得进展并改善实践，就必须把该目标作为自身教学的重中之重。领导者可以采取几种行之有效的策略。例如，让教师就每个目标跟进自身的专业成长进度，这有助于实现教师目标。

表3.4是俄克拉何马州鹿溪学区草原谷小学（Prairie Vale Elementary）一位教师的成长目标跟进表。教师根据学区教学模式要求制定好目标，然后定期跟进自己的成长进展。让教师将具体的成长目标贴在教室也能帮助他们在教学中把专业目标放在首位。这样一来，管理人员、其他教职工和学生都能看到这些目标，也能帮助教师在教学中实现目标。

表3.4　成长目标文件夹

为自己的个人目标打分				
4				
3.5				
3				
2.5				
2				

（续表）

为自己的个人目标打分				
1.5				
1				
0.5				
0				
	日期：	日期：	日期：	日期：
为了实现目标，我采取了哪些策略？（日期：　　　　）				
为了实现目标，我采取了哪些策略？（日期：　　　　）				
现在我实现了目标，我的感觉如何？我将在课堂上继续使用什么策略？				

滞后指标

学校可以通过让协作团队成员在团队会议上定期讨论他们的成长目标，来确定并监督领先指标2.2的滞后指标。每位教师用两分钟时间分享和讨论各自对每个教学成长目标的看法，在合作日志中对讨论进行总结，并提交给学校领导，方便领导者在全校范围内监督团队成员的成长目标。管理人员和教师针对教师的活动参与情况制定成长目标。该滞后指标的标准分数可能集中在取得进步的教师的比例上。

涉及领先指标2.2的其他滞后指标包括：

- 教师对自身教学成长目标有书面陈述。
- 教师持续跟进自身教学成长目标进展。
- 协作团队组长把学校所有教师制定的成长目标以书面形式留存。

快速数据和持续改进

为了收集和分析该指标的快速数据，学校可以建立档案，让教师保留三个与自身具体成长目标相关，并且认为是迄今为止最佳的实践案例。教师可以用数字文件夹保存自己的实践档案，方便学校领导随时检验教师的成长情况。

其他快速数据的例子包括：

- 当被问及时，教师能够确定自身具体的教学成长目标。
- 当被问及时，教师能够描述他们在教学成长目标上的进展。
- 当被问及时，教师能够解释他们是如何选择教学成长目标的。

领导者问责制

在该指标下，领导者要负责监督用于推动教师制定教学技能成长目标的方案和做法是否到位，跟踪个人进步，以及这些措施是否达到预期效果。领导者可以使用表3.5中的量表来评估其效果。

表3.5　领先指标2.2的评价量表

持续阶段	应用阶段	发展阶段	开始阶段	未曾尝试
学校通过快速数据源不断积累信息，监督所有教师的教学技能提升目标制定情况和个人进步跟进情况，并在数据显示存在潜在问题时采取适当干预行动	学校有方案和做法来保证所有教师制定教学技能提升目标，跟进个人进步情况，而且可以产生滞后指标来展示这些措施的预期效果	学校已经制定方案和做法来保证所有教师制定教学技能提升目标，跟进个人进步情况	学校正初步拟定方案和做法来保证所有教师制定教学技能提升目标，跟进个人进步情况，但尚未完成	学校并未尝试保证所有教师制定教学技能提升目标，跟进个人进步情况

如果领导者没有建立能让教师跟进自身进步的正式系统，就会在推进表中各个阶段时遇到挑战。这些系统包括具体的检查日期和自我成长跟进系统。如果这些系统没有到位，久而久之，一些教师往往会遗忘自己的成长目标。

允许教师在自己的延展区之外设定目标对该指标也是一项挑战。很多时候，制定个人成长目标的过程会演变成一种对规则的遵守，而不能真正提升个人专业技能。从开始就对目标进行监督，确保设定的目标位于延展区，这种做法更慎重，产生的效果更好。

领先指标2.3　学校了解并监督主要的教学实践

这一领先指标旨在为学校领导和教师提供有关校内总体教学实践的透明数据。很多学校的管理人员已经针对教学实践展开听课观察。通常情况下，领导会利用这些观察数据，针对被观察的教学实践为教师提供反馈。为了实现这一领先指标，校长必须在观察过程中更进一步——建立系统，收集并整理走课时获得的集体数据，便于领导者了解全校主要教学实践。领导者无需将这些观察数据对应到个人，因为该指标需要了解整个学校的实践，而不一定要具体到某位教师。

此外，观察数据应该高度透明，便于学校领导和教师随时查阅或回顾。学校管理人员需要定期审查这些数据，让数据为学校现状说话。例如，如果就学习目标进行明确沟通是学校教学模式中的一个关键方面，那么领导者应该在所有课堂中清晰地看到这种实践。如果管理人员在审查集体数据时，发现教职员工没有定期进行明确的学习目标交流，就应采取措施让教职员工重新参与进来。同样，如果预期教学实践在全校持续出现，管理者应该予以承认。

这种观察和监督应该贯穿整个学年，但要在特定的时间段内整理查看这些数据，从而便于学校领导依据其立即采取应对措施。领导者应将这种做法看作“一本书的各个章节”——通过依次收集特定时间段的数据，领导者能够持续监督主要教学实践，并根据需要采取应对措施。这种监督方式的优势在于能够看出干预措施的必要性，以便全校教师重新参与或鼓励教师实施特定教学实践。

建立定期审查系统能够实现持续监督，并帮助领导者了解9月未实施的主要实践是否在10月份有所改善，或者主要实践是否趋于下降以及是否在某些月份或某段时间里不太明显。如果只将这些数据简单整理成一个不断更新的数据集，那就几乎无法确定主要实践，以及其实际实施时间，或者是否正处于实施阶段。最终，综合数据集要说明整个学年的情况，并成为该学年教学的反思性评估。综合数据集能够帮助全体教职工规划并回顾教学实践。

数据透明化非常有用。例如，在12月份前两周，几乎所有特定教学策略的使用率都比该学年前三个月有所下降，而校长可以用数据说明这种情况是如何发生的。这可能引发一场战略性讨论，探讨此情况出现的原因，以及学校如何做才能避免这些教学策略在未来不复存在。

滞后指标

学校可以每月为教师进行一次PPT展示，分享领导者针对学校教学模式的整体观察情况，从而确定并监督领先指标2.3的滞后指标。学校在每月展示时都会新增一张幻灯片，以便全体教职工能看到学校主要教学策略的进展或一致性情况。领导者针对特定策略的使用频率制定标准目标。例如，校长可能会设定如下标准目标：每个月都要有95%的教师就学习目标进行明确沟通。教职工可以据此设定目标期望，而校长可以根据数据与教师沟通，及时改善缺乏目标沟通的情况，或在整个学年中每次实现标准目标时进行庆祝。

涉及领先指标2.3的其他滞后指标包括：

- 管理人员建立跟进课堂总体走课数据的系统，并在整个学年中定期更新审查。
- 教职工会议议程或教学案例表明，学校领导与教职工分享关于主要实践的数据。
- 学校领导能清楚知晓全校主要策略以及他们未观察到的主要教学实践。

快速数据和持续改进

为了收集和分析该指标的快速数据，学校可以让领导团队成员对在走课时或拓展课堂评估中观察到的具体教学策略进行拍照录像。然后，每个人在行政会议上分享拍摄的图片或视频，这样团队就可以共同监督全校教学策略。

其他快速数据的例子包括：

- 学校领导随机审核教师评估文件，寻找使用特定教学策略的模式。
- 学校领导采取集中走课方式。走课时，学校团队中的几个成员分头行动，在有限时间内（如45分钟内）在尽可能多的教室寻找某些教学策略，如明确沟通学习目标。

领导者责任制

在该指标下，领导者要负责监测是否制定了用于监督全校主要教学策略的方案和做法，以及这些措施是否达到预期效果。领导者可以使用表3.6中的量表评估其效果。

表3.6 领先指标2.3的评价量表

持续阶段	应用阶段	发展阶段	开始阶段	未曾尝试
学校通过快速数据源不断积累信息，从而监督全校主要教学策略，并在数据显示存在潜在问题时采取适当干预行动	学校有方案和做法来监督全校主要教学策略，并能产生滞后指标来显示这些措施的预期效果	学校已经制定方案和做法来监督全校主要教学策略	学校正初步拟定方案和做法来监督全校主要教学策略，但尚未完成	学校并未尝试监督全校主要教学策略

如果领导者没有建立简单监督系统来帮助描述出现在不同观察阶段教学实践的差异，那么就很难推进量表各个阶段。如果领导者无法使用该系统分时段监督教学，那就很难记录哪些实践当下正在发生，哪些实践可能两个月前已经存在。学校领导者需谨记，在每个观察阶段之前都要先清空过往数据，再进行分析，这样就能知道10月份的主要策略与2月份的是否相同。

让教职工了解领导在学校观察的情况也是个难题。这些数据并非专属个人，所以应公开展示。如此一来，教职工可以不断进行自我监督，并将总体数据与自身主要实践进行比较和对照。

领先指标2.4 学校基于多方数据，并结合学生成绩，为教师提供关于其教学优势和劣势的明确性和持续性评价

教师评价是一个复杂的话题，“力争上游”（Race to the Top，RTT）项目颁布之后更是如此。具体来说，2009年7月，美国总统巴拉克·奥巴马（Barack Obama）和教育部长阿恩·邓肯（Arne Duncan）公布了总预算约为43.5亿美元的“力争上游”项目。如果各州愿意建立并实施更为严格、全面的教师和校长评估系统，该项目可为其提供大量资金。正如美国教育

部《改革蓝图》中所述，“力争上游”计划包括以下优先事项：

> 我们将提升教师职业水平，专注于对优秀教师的认可、鼓励和奖励。我们呼吁各州和各学区建立并实施教师和校长评估支持系统，并根据学生的成长以及其他因素来确定优秀和高效教师和校长。

“力争上游”项目的实施动力至少有一部分来自两份知名度很高的报告：《草率的判断》(*Rush to Judgement*)和《零部件效应》(*The Widget Effect*)。整体而言，这两份报告发现，即使在学生学习提升情况始终未达到预期的学校系统中，教师获得的评价仍然很高。例如，丹尼尔·韦斯伯格(Daniel Weisberg)等人发现，在一个大的学区内，600所学校中87%的学校对他们的教师没有一个“不满意”的评价，即使其中超过10%的学校被国家认定为教育不及格。总的来说，只有0.3%的教师得到的评价为“不满意”，但93%的教师得到的评价是“优秀”或“卓越”。显然，“力争上游”项目旨在建立一个能更准确地区分优秀教师和无效教师的教育系统，以便帮助学校改正。

然而，不幸的是，教学评级的分布变化甚微。即使投入这么多的金钱和精力，教师评价系统仍无法有效区分高效和低效教师。

其中一个原因是，当学校使用为教师发展而设计的教学模式时，并未预留足够的观察时间。领先指标2.1部分介绍的教学模式已经说明了这点。该教学模式包含43个要素，每个要素下又包含多种教学策略。罗伯特·马扎诺和迈克尔·D. 托特(Michael D. Toth)估计，准确评估一位教师的所有要素，至少需要10次观察。遗憾的是，管理者通常只有时间进行两到三次观察。

研究表明，如果管理者没有足够的时间进行准确观察，他们往往会给教师打高分。因此，我们建议管理者使用表3.7中的十个范畴来进行教师评价观察。

表3.7 教师评价的十个范畴

	教师行动	学生的心理状态和过程
反馈	建立明确的学习目标并进行沟通	1. 学生了解所学知识进度，并且能够定位自身学习进度
	运用评估策略	2. 学生知道考试分数和成绩与他们需要达到的学习进度之间的关系
内容	开设直接指导课程	3. 学习新内容时，学生知道哪些是重要内容，以及各部分内容如何结合在一起
	开设实践和深化课程	4. 教师讲授新内容后，学生加深理解，并提高技巧运用及知识加工的熟练度
	开设知识应用课程	5. 教师讲授新内容后，学生通过知识应用任务形成并捍卫自己的主张
	使用所有类型课程中出现的策略	6. 学生不断将新旧知识相结合，并修正自己的理解
情景	运用参与策略	7. 学生注意力集中，精力充沛，兴致盎然，深受启发
	实施规则和程序	8. 学生理解并遵守规则和程序
	建立关系	9. 学生感到自己受欢迎、被接纳、受重视
	寄予厚望	10. 通常情况下，不愿学习的学生感觉受到重视，会毫不犹豫地与老师或同学互动

领导者用一组观察结果就能相当准确地评价表3.7右栏中描述的行为。例如，三次观察之后，领导者就能针对教师在表3.7中的十类行为给出相当准确的评分。领导者也可以采取提交视频等方式对教师观察过程进行补充。时间利用率是在收集多种数据进行教师评估时一个最大的难题，因此，管理者作为评估人员，可以有效地将教师实践的视频记录与现场课堂观察相结合。通过视频记录，评估人员可以根据日程安排进行教学观察，

并多次回顾教学以确保观察内容的准确性。而且，这也为教师选择他们提交的视频提供了一个非常公平的机会。如此一来，教师可以尽可能地提交最佳视频，反之，教师在努力制作优秀教学视频时也提高了教学水平。

评估人员不应该无差别地观察所有教师。相反，他们需要把时间投入到教师最需要的地方，以满足教师成长的不同需求和水平。因此，领导者应该考虑将教师队伍分为三个具体的层次来进行评估。

第一层：该层的教师教学效率最高。领导者对这些教师的教学实践很有信心，而且这些教师在有效教学策略的使用方面表现出了一致性。对这些教师，领导者应每月观察一次，提供反馈，并寻找持续有效的策略。

第二层：该层教师的工作做得很好，但有些方面仍有望改进。位于该层的教师数量最多。对这些教师，领导者应每月观察两次，如果他们有明显提升，就准备好将其移到第一层。

第三层：该层教师需要提高，否则他们自己及其学生就有可能“节节败退”。这些教师应该在评估时给予额外关注，以便评估人员提高这些教师的技能，或者确定他们是否能达到学校的教学预期。对这些教师，领导者应每周观察一次，根据每个教师的具体需求调整观察时长。例如，如果一位教师在开始上课时遇到困难，观察人员可能会在上课前与教师进行短暂的交谈。

通过建立评价层级，管理者可以更有效地将时间投入到教师最需要的地方。教师不需要知道自己的评估层级。管理者应该定期审查哪些教师取得了进步，可能需要升到上一级，以及哪些教师的教学表现反映出他可能需要降级。

对于这个领先指标，管理者应该考虑到，教师评价必须与学生成绩数据保持一致。但这并不是指把学生成绩数据作为教师评价的衡量标准。相反，管理者应将这些数据作为制衡手段，来检验评价结果与学生成绩趋势是否有相关性。例如，如果一个学校90%的教师都被评为“高效”，那么学生数据就应该显示出学生学习提高和改善的趋势。然而，如果教师评价结果相同，但一个学校的学生成绩数据呈下降趋势，或几乎没有提高，那么这个结果就不能准确地代表某些东西，最常见的是课堂教学质量。

滞后指标

学校可以在学年伊始将每位教师分配到不同层级，然后在第一学期末和年末撰写总结性评价前，再次分配每位教师的层级，从而确定和监督领先指标2.4的滞后指标。每次检查时，管理人员留意哪些教师的层级应该变动，并且管理团队会讨论影响教师层级变动的具体评估数据。团队为各个层级的教师设定量化目标，并监督他们的层级变动情况。

涉及领先指标2.4的其他滞后指标包括：

- 学校领导者制定非常具体的评分标准，针对教师教学优势和劣势为其提供准确的反馈。
- 管理人员根据多方信息来源建立教师反馈和评价数据，包括但不限于直接观察、教师自我报告以及通过视频记录分析教师表现。
- 学校领导者制定一个对教师进行观察和反馈的计划表。

快速数据和持续改进

为了收集和分析该指标的快速数据，学校可以让每个管理人员每月汇报各自在过去一个月的教师评估中观察到的人员和内容。每个人都需要汇报当月评估次数，以及对每位教师的观察内容。

其他快速数据的例子包括：

- 当被问及时，教师能够说明自己最近的教师评价数据。
- 教师可以多次识别评估人员何时进行教师评价。

- 当被问及时，评估人员可以解释他们用于教师评价的各种策略。

领导者责任制

在该指标下，领导者要负责监督方案和做法是否到位，从而为教师提供有关教学优势和劣势的具体评价数据，以及这些措施是否达到预期效果。领导者可以使用表3.8中的量表来评估其效果。

领导者在推进表中各个阶段时会面临挑战，比如，管理者没有提前在日程表上安排好教师评估的时间。他们最好每周为教师评估安排特定时间。若非如此，管理者很快会因为其他诸多问题减少可能用于教师评价的时间，评价次数随之减少，或者评价愈来愈沦为一种服从行为，而不能提供及时反馈并促进教师成长。

如果管理者对学校教学模式一知半解，无法辨别课堂上的具体要素和策略，就会遇到另一个挑战。要成为有效的教学评价者，管理者必须清楚了解所观察的教学技巧。

表3.8　领先指标2.4的评价量表

持续阶段	应用阶段	发展阶段	开始阶段	未曾尝试
学校通过快速数据源不断积累信息，监督每位教师教学优劣势具体评价数据的收集情况，确保从多个渠道获取数据，当快速数据显示存在潜在问题时，学校会采取适当干预行动	学校有方案和做法来多渠道收集每位教师教学优劣势的具体评价数据，并能产生滞后指标来显示这些措施的预期效果	学校制定了方案和做法，确保多渠道收集每位教师教学优劣势的具体评价数据	学校正初步拟定方案和做法，确保多渠道收集每位教师教学优劣势的具体评价数据，但尚未完成	学校未曾尝试多渠道收集每位教师教学优劣势的具体评价数据

领先指标2.5　学校为教师提供与教学成长目标直接相关的工作嵌入式专业发展

马扎诺强调，传统上，学校并没有为教师提供差异化专业发展机会来解决他们作为专业学习者的个人发展问题。相反，学校采取的策略往往是“一刀切”。该领先指标要求，学校通过差异化方式满足教师作为专业学习者的个人需求。该指标与领先指标2.2以及教师为自身实践制定的专业目标直接相关。“工作嵌入式专业发展”（Job-embedded Professional Development）这一术语在学校虽然很常用，但相关实践却并不常见。要落实这一领先指标，学校领导者需要确定并建立使教师参与工作嵌入式专业发展的方法和结构。其中一些方法包括：（1）教学指导；（2）教学视频库；（3）视频反思。

1. 教学指导：教学指导是学校领导者可以利用的最有效的工作嵌入式专业发展方法之一。实施教学指导时，指导教师将精力集中在教师个人确定的成长目标上。指导教师并非针对广泛的教学实践提供教学指导，而是根据每位教师的目标，在每位教师的实践中逐渐培养出一些优秀教师。通过这种方法，指导教师能够在教师专注于逐步发展特定实践时，为其提供明确的反馈。为此，指导教师应该使用一个评分标准来确定随着时间的推移教师成长的情况。在《课堂教学指导》（*Coaching Classroom Instruction*）一书中，罗伯特·马扎诺和朱莉娅·A. 西姆斯（Julia A. Simms）制定了一种教学指导评分标准。指导教师可以用它来观察几乎任何教学实践并提供指导反馈，如表3.9所示。

2. 教学视频库：使用视频进行工作嵌入式专业发展赋予了教师多种选择，帮助他们提高个人实践能力。学校可以建立教学实践视频库，并根据学校教学模式对教学视频进行编码，根据教学策略进行识别。教师可以观看高质量教学案例，从而在他们成长目标中确定的具体领域获得一些启发。

表3.9 课堂教学的通用评分标准

4 创新	3 应用	2 发展	1 开始	0 未使用
教师将几种策略整合起来，形成宏观策略，或针对学生的特殊需求和情况调整策略	教师使用与某一要素相关的策略或行为，并监督其对学生学习成果的影响	教师使用与某一要素相关的策略或行为，但只是机械使用	教师错误使用与某一要素相关的策略或行为，或使用时缺失部分内容	教师不了解与某一要素相关的策略或行为

3. 视频反思：教师也可以记录并回顾自身实践来实现自我提升，并将其作为工作嵌入式专业发展的一部分。在现有技术条件下，这种做法相当容易。例如，教师可以根据自身成长目标，在实施策略时用智能手机或iPad录制视频，然后自己或与指导教师一起回顾。通过视频进行自我审查，对个人专业成长来说大有可为，但迄今为止，仍未得到充分利用。

马尔科姆·格拉德威尔（Malcolm Gladwell）在他的《临界点：小事如何产生大变化》（*The Tipping Point: How Little Things Can Make a Big Difference*）一书中描述了个别人物如何"引爆"小观点。这些人被称为"联系员"，他们能接触并影响到很多人。学校领导者应该找到一些愿意尝试这种做法的重要教师领导，并与同事分享他们的经验看法。我们已经指导几位校长与扮演"联系员"角色的教师合作回顾个人视频。在几乎每个案例中，"联系员"教师对自己视频反思的评价都一样。他们表示，虽然不满意自己的视频，但可以从中发掘许多东西，而且这些视频为个人成长提供了宝贵的意见。随着参与回顾个人视频的教师越来越多，这种做法达到“引爆点”，于是发展成一个性价比很高的工作嵌入式专业发展系统。

滞后指标

学校可以让教师用视频记录具体教学内容，然后与指导教师或管理人员共同观看视频，讨论哪方面进展顺利，以及下一步的成长措施，进而确定并监督领先指标2.5的滞后指标。每位教师每学期用视频记录一次自身教学实践，并回顾该视频。领导者保存视频记录，并针对与教师互动的次数和质量制定目标。

涉及领先指标2.5的其他滞后指标包括：

- 教师可以获得与教学成长目标有关的在线专业发展资源。
- 教师可以获得与教学成长目标有关的教师主导专业发展。
- 教师可以获得与教学成长目标有关的教学指导。

快速数据和持续改进

为了收集和分析该指标的快速数据，学校可以在教师办公室放置一个快速调查问卷二维码。该调查问卷要求教师确定他们本学年参与了工作嵌入式专业发展的哪些方面。然后，领导者查看这些数据，从而确定教师长期持续地使用了工作嵌入式专业发展的哪些方面。

其他快速数据的例子包括：

- 当被问及时，教师可以描述他们因为工作嵌入式专业发展而正在尝试的具体策略。
- 当被问及时，教师可以描述专业发展如何帮助他们实现教学成长目标。
- 教学指导员可以根据教师的成长目标，确定促进教师个人实践的具体策略。

领导者责任制

在该指标下，领导者要负责监督是否制定方案和做法来促进与教师教学成长目标直接相关的工作嵌入式发展，以及这些措施是否达到预期效果。领导者可以使用表3.10中的量表来评估其效果。

表3.10 领先指标2.5的评价量表

持续阶段	应用阶段	发展阶段	开始阶段	未曾尝试
学校通过快速数据源不断积累信息，监督与教师教学成长目标直接相关的工作嵌入式专业发展，并在快速数据显示存在潜在问题时采取适当干预行动	学校制定了方案和做法，确保提供与教师的教学成长目标直接相关的工作嵌入式专业发展，并能产生滞后指标来显示这些措施的预期效果	学校制定了方案和做法，确保提供与教师的教学成长目标直接相关的工作嵌入式专业发展	学校正初步拟定方案和做法，确保提供与教师的教学成长目标直接相关的工作嵌入式专业发展，但尚未完成	学校未曾尝试确保提供与教师的教学成长目标直接相关的工作嵌入式专业发展

如果领导者不明确区分教学指导和教学评价，那么他们会很难推进表中各个阶段。教师需要将教学指导看作一个成长机会，当他们在这个过程中为自身实践增加新内容时，会经历不同的成长阶段。

如果学校缺少指导教师，那学校领导者必须建立其他系统来提供工作嵌入式专业发展。虚拟系统可以帮助解决此问题。例如，“马扎诺教学策略纲要”（Marzano Compendium of Instructional Strategies）提供了以视频为基础的专业发展方案，包括十类教学范畴，43种要素，每一项都包含若干相关策略。

管理者必须确保工作嵌入式专业发展聚焦每位教师的具体成长目标，

从而促进教师作为专业学习者的差异化发展。

领先指标2.6 教师有机会观察有效教学并进行讨论

该领先指标关键不仅在于要观察有效教学，还要复盘观察结果。此过程有可能在全校范围内扩展教师的个人实践，并培养教学实践方面的合作。学校领导可以通过现场和虚拟教学巡查来实现这一领先指标。

虽然学校进行教学巡查的形式多种多样，但我们使用的是马扎诺在2011年开发的教学巡查模式，因为该模式关注教师发展。这种模式无意以任何方式评价被观察教师；相反，它旨在让教师有机会观察同事，形成对自身专业实践的看法。在教学巡查中，教师观摩其他教师的课堂并不是为了批评或评价，而是为了观察自己和其他教师运用教学策略之间的异同点。我们建议管理人员不要参与教学巡查，因为我们发现，如果管理人员参与其中，教师会将观察理解为评价。

但是，管理人员在教学巡查的后勤和运作方面发挥着关键作用。他们要确定在教学巡查中需要观察哪些教师。如果巡查目的是让教师理解自身实践，那么接受观察的教师经常采取的策略应该是学校领导希望在全校推广的教学策略。理想情况下，学校应能自信地说，学校每位教师的课堂实践都有值得观摩之处。但现实情况并非总是如此，所以管理人员必须在确定观察对象方面发挥好关键作用。

根据这种教学巡查模式，三至五名教师组成小组（包括巡查组长），对另一名教师进行10至15分钟的观察。观察过程中，小组成员思考以下三个关键问题并记录相关信息：

1. 在所观察到的内容中，有哪些内容再次印证了我自己在课堂上所做的事情？

2. 在所观察到的内容中，我想对哪些内容有进一步了解？

3. 在所观察到的内容中，我想将哪些内容立即应用于自身实践？

这三个问题所蕴含的力量来自对观察者成长的内在关注，而不是对被观察教师的外在关注。

观察结束后，参与巡查的教师将会花几分钟汇总各自的想法并进行讨论。然后，巡查组长让小组成员围绕这三个问题进行复盘讨论，分享自己的观察结果和想法。复盘过程中，当教师针对想进一步了解或想应用于自身实践的教学策略进行讨论时，往往就会为教学指导提供机会。进行教学巡查与教学指导密切相关，所以教学巡查成为指导教师培养课堂有效教学的一种有效方式。

是否向巡查中被观察的教师提供反馈取决于学校。学校若为教师提供巡查反馈，反馈应由巡查组长发送，且内容需涵盖巡查组观察到的有效课堂策略。通常情况下，巡查组长可以在巡查复盘会后，用电子邮件将反馈意见直接发送给教师。示例见图3.1。

> 在昨天的教学巡查中，我们从您的课堂上学到了很多东西！
>
> 我们在您的代数课上看到一些很棒的做法，我们希望将其融入到我们自己的学习中：
>
> **不断评估学生的进步**：您不断在学生课桌间走动，检查学生是否理解所授知识，并且纠正错误理解。
>
> **同学互教**：我们观察到学生们彼此互相教学并进行“数学对话”。
>
> **张贴“如有疑问，尽请提问”海报**：我们非常高兴看到您以视觉提醒的方式告诉学生可以寻求帮助。
>
> **教室氛围温馨**：我们都愿意上这样的数学课！

图3.1 教学巡查反馈电子邮件示例

滞后指标

学校可以制作数字教学巡查日历，确定每月巡查日期，从而确定和监督领先指标2.6的滞后指标。学校要求教师每学期在特定时间报名参与巡查，巡查名额先到先得。领导者可以使用数字工具来量化分析巡查频率，并且标准分数将集中在参与巡查的教师比例上。

涉及领先指标2.6的其他滞后指标包括：

- 教师有机会参与教学巡查。
- 教师有机会观看模范教学案例视频并参与讨论。
- 教师能定期开会讨论有效的教学实践（例如，课程研究）。

快速数据和持续改进

为了收集和分析该指标的快速数据，学校可以让巡查组成员在用学校教学要素编码的图表纸上用点标出对学校教学模式不同方面的观察频率。在复盘会议结束时，巡查组立即在刚刚碰到并讨论过的教学元素旁贴上圆点。该图表能帮助管理者快速了解巡查小组在每次复盘会上观察到并讨论过的具体教学内容。

其他快速数据的例子包括：

- 当被问及时，教师可以描述他们因为参与教学巡查或观摩有效教学视频而产生的已经应用于自身实践的想法。
- 学校领导提供教师参与教学巡查的数据。
- 教学巡查领导在教学巡查后提供教师讨论要点的简要总结。

领导者责任制

在该指标下，领导者要负责监督是否制定了方案和做法，使教师有机会以虚拟或现场的方式观察和讨论有效教学，以及这些措施是否达到预期效果。领导者可以使用表3.11中的量表来评估其效果。

当领导者推进量表时可能会发现，小型学校很难展开现场教学巡查。

原因很简单，小型学校没有足够的教师来参与观察或组成观察员小组。在这种情况下，学校同样可以通过观看一两段教学实践视频，并复盘讨论来进行虚拟巡查。

表3.11 领先指标2.6的评价量表

持续阶段	应用阶段	发展阶段	开始阶段	未曾尝试
学校通过快速数据源不断积累信息，监督教师是否有机会以虚拟或现场的方式参与有效教学观察和讨论，并在快速数据显示存在潜在问题时，采取适当干预行动	学校制定了方案和做法，确保教师有机会以虚拟或现场的方式参与有效教学的观察和讨论，并能产生滞后指标来显示这些措施的预期效果	学校制定了方案和做法，确保教师有机会以虚拟或现场的方式参与有效教学的观察和讨论	学校正初步拟定方案和做法，确保教师有机会以虚拟或现场的方式参与有效教学的观察和讨论，但尚未完成	学校未曾尝试确保教师有机会以虚拟或现场的方式参与有效教学的观察和讨论

抽不出时间进行复盘也是挑战之一，教学巡查的有效性会因此大打折扣。虽然进行观察就能获得成长，但如果巡查小组针对小组成员观察结果进行复盘讨论，那么会获得更大的进步。

因为小组成员在巡查中逐渐培养出有助于开展复盘会的技能和感觉，所以不坚持开展巡查就可能会出现问题。如果长时间不进行巡查，这些技能就会逐渐退化。如果可以的话，学校应该指派几个人担任巡查领导。开展巡查是教学指导的自然延伸，所以如果可能的话，指导教师应该担任巡查领导。

第二级转变

从所有与学生成绩相关的变量来看，数据驱动式教学模型第二级涉及的可能是学校领导关注到的最有影响力的可变变量——课堂教学质量。在学校领导针对此方面采取行动后，我们已经看到了一些有力成果。下面是一些例子。

印第安纳州怀特兰市怀特兰小学校长克里斯滕·刘易斯认为，在第二级所做的工作让我们对高质量教学有了清楚的了解。刘易斯女士对这些工作的描述如下：

“我们学校和学区从未如此迫切希望提高优质教学的水准。我们的心态也因此发生了变化。我们不再认为只有部分学生能达到高水平，而是相信所有学生都能做到，也会做到。但是，这项工作绝非易事。

“自从开始建设高可靠性学校，我们每年都会创新改善教学实践的方式。开展教学巡查和教学审计尤为有益，因为我们能够减少对教师评价的关注，增加对我们最重要的参与者——学生的关注。

“今年，借助《新教学艺术与科学》（*The New Art and Science of Teaching*）一书，我们有机会深入反思自身实践。收到教学审计结果后，我们相应制定了个人、团队和全校的专业成长计划。本书提供的优质教学实践可视化和规划的策略，将直接影响学生的学习成果。如果不深入参与教学实践，教学领导就会与现实脱节。在17年多的教育生涯中，我从未如此清楚地知晓打造成功课堂的方式。”

萨曼莎·格拉德威尔（Samantha Gladwell）在得克萨斯州奥斯汀市尼奥斯（NYOS, Not Your Ordinary School）特许学校担任任课教师和指导教师。格拉德威尔女士回顾了数据驱动式教学模型第二级给她作为任课教师的职业生涯带来的影响：

“在我理解教师评估系统是以教师成长为重点后，我勇于承担风险，提升教学水平。反思性实践教师量表帮助我如实评估自己目前的技能水平，然后为个人发展设定具体目标。当管理人员走班听课时，我很高兴收到与自身目标相关的反馈。”

鲍比·凯利（Bobby Kelley）和塔米·谢弗（Tammy Schaefer）分别担任内布拉斯加州斯特罗姆斯堡克罗斯县社区学校的中学校长和小学校长。克罗斯县是一个高效学区，2015年之后明确将重心放在数据驱动式教学模型上，但在此之前，它已经实施了该模型的几个方面。作为高可靠性学校建设工作的一部分，两位校长通过相互担任对方教师的指导教师，建立了一个行之有效的教学指导系统。这样一来，教师不会将他们当作评估人员，两位校长可以与不在各自评价范围的教师建立指导关系。这种方法为整个学区创造了教学成长新机遇。两位校长在此用自己的话说明了这种方法的效果：

“在过去的四年里，我们区一直与马扎诺研究中心（后更名为马扎诺咨询协会）保持合作，其中包括过去两年的高可靠性学校项目。通过高可靠性学校框架，我们能够利用翻转指导模式来提高教师的教学水平。这种系统性的方法提高了我们整个基础教育（preK−12）学区的团队意识。此外，高可靠性学校框架还激发了教师对专业成长的积极性和热情。”

结论

在数据驱动式教学模型第二级，领导者关注有效课堂教学。这种关注直接解决了理查德在导语中描述的六个关键问题中的问题五：我们如何提高自身教学能力？这一级包括六个领先指标。对于一所学校来说，要想宣布自己在第二级具有高度可靠性，领导者必须确定每个领先指标的滞后指标，并制定明确的成功标准。即使学校达到成功标准，仍须继续收集快速数据，以便监督学校在六个指标上表现的变化，并做出应对。

CHAPTER

4

我们想让学生学会什么

数据驱动式教学模型第三级与理查德在导语中描述的六个关键问题中第一个问题直接相关：我们想让学生学会什么？为了准确有效地回答这个问题，学校必须开发有保障的可行课程。

马扎诺在《学校如何运作》一书中首次提出了“有保障的可行课程”一词。这个术语指的是一个非常简单但功能强大的结构。在一所学校的某一年级，无论是哪位教师教授特定课程或内容，学生都应该能从中学习到相同的内容。换言之，学生不应该在一位教师这里学习五年级科学课程，而在对面教室另一位教师那里学习另一种完全不同的课程。这代表了数据驱动式教学模型第三级中的“有保障”方面。此外，教师应该有充足的时间和资源来教授有保障的内容。也就是说，有保障的内容不能多到令教师无法妥善处理。在第三级，高可靠性学校需要开发出精益求精、重点突出、包含所有基本内容的课程。

数据驱动式教学模型第三级包括六个领先指标：

3.1 学校课程及相关评估均符合州及学区标准。

3.2 学校课程重点突出，教师可以在现有时间内妥善处理。

3.3 所有学生都有机会学习课程的关键内容。

3.4 学校制定了明确的可衡量目标，重点关注提高学校学生整体成绩的关键需求。

3.5 学校分析、解释并使用数据定期监督学校成绩目标的进展情况。

3.6 学校在全校和班级层面制定适当的方案和做法，在数据显示需要采取干预措施时，帮助学生实现个人成绩目标。

领先指标3.1 学校课程及相关评估均符合州及学区标准

在标准和问责制时代，学校领导者应该用三种相互关联的课程类型来考虑任何内容的课程设置。第一种是“预期课程”（intended curriculum），是国家、州和学区标准决定的课程。第二种是“实施课程”（implemented curriculum），是在教室实际教授的课程。第三种是学生在每个年级或每节课上实际学习的课程，即“获得课程”（attained curriculum）。理想的情况下，这三种课程会保持一致，预期课程就是实施课程，实施课程就是获得课程。但很多时候，预期课程和实施课程并不一致，教师并不总是按照预期的方式进行教学。

格兰特·威金斯（Grant Wiggins）和杰伊·麦克泰格（Jay McTighe）指出：“就目前情况来看，大多数课程都鼓励并允许教师做出最糟糕的事情：脱离群体，完全靠自己工作。”在这一领先指标下，领导者应该采取措施，确保预期课程和实施课程具有一致性。

当被问及课程时，教师经常会提到教科书或具体课程。这是因为他们学校没有可用的课程文件，或者文件形式利用效率低。学校领导者应该保证，教师或协作团队能够最先而且最容易获取课程文件，而且这些文件能帮助他们回答本章最开始提到的问题：我们希望学生学习什么？教师也应在团队协作过程中首先询问此问题，以便明确关注预期课程。

许多学区为此已经制定了课程地图（curriculum maps）和进度指南（pacing guides），教师应该在设计教学单元时积极运用它们并进行回顾。学校领导应定期审查课堂评估和课堂活动，确保它们真正与预期课程保持一致。

领导者可以通过收集协作团队的工作成果来监督该指标。例如，如果学校领导要求协作团队开展共同评估，并将其作为学校专业学习共同体过程的一部分，那么，领导者应该定期回顾并审查这些评估及其结果。利用随机审查的方法来监督共同评估，既能节省时间，又能保证可以随时随机选择任何团队或教师进行审查。而且，学校领导者也能审查所给出的评估的质量。领导者应该比较标准评估，确定合适的评估要求，并检查项目或任务本身是否存在可能影响评估结果的偏差。以下示例说明了评估审查系统的运作方式。

我们来看一下一位校长、一位副校长和一位指导教师收集学校协作团队的共同评估实例。每人负责一组团队，从中收集实例。他们三个人每月都会对照相关内容的课程，审查共同评估的实例。在此过程中，他们审查这些评估与课程的一致性，以及评估类型和评估质量。作为一个团队，他们会针对评估给出反馈，或者在必要时向团队或教师提出反思性问题。因此，每个协作团队都会收到一个数字文件夹，他们可以在其中上传团队共同评估的副本或详细说明。如此一来，评估审核能够无缝衔接，也方便学校领导团队监督课程和评估实践。

在教学单元中开展前测评估和后测评估，并跟进学习者对特定标准的掌握情况，可以为学校领导者提供一个快速数据源，以确保预期课程就是实施课程。前测和后测的评估数据也能反映出获得课程和学生最常遇到的困难，这样一来，学校领导能够看到学校课程中可能容易弥补的潜在差距。

举例说明：一所中学正在教授关键的七年级数学概念，学生必须理解并会使用这一概念才能达到七年级物理科学标准。物理科学团队查看了前测和后测的评估结果，决定询问数学团队是否向学生讲授过特定的数学标准，因为从数据来看，学生在科学课上经常犯数学方面的错误。两个团队经过讨论发现，在科学团队教授物理科学标准之后的六周时间里，数学团队才教授相关数学概念。两个团队重新安排了课程，纠正了这个错误——先让数学教师教授相关数学概念，再让科学教师讲授七年级物理科学标准。

滞后指标

学校让校内所有协作团队针对教学范围和顺序形成文件并提交，这份文件说明了他们将优先教授哪些标准，教授顺序，以及初步教授时间计划，以此确定并监督领先指标3.1的滞后指标。教师可以每个季度更新文件，说明每个教学团队的教授顺序，并简要描述做出的改变。教师还可以创建与优先标准相一致的共同评估，并通过数字文件夹与全校共享。学校指导组每季度审查一次所有文件。

涉及领先指标3.1的其他滞后指标包括：

- 将书面课程与州和学区标准相关联的课程文件准备到位。
- 检查评估在多大程度上准确地衡量书面和所教课程的文件已经到位。
- 课程地图已经制定完成，且参考了学年中某段时间内涉及的具体标准。

快速数据和持续改进

为了收集和分析该指标的快速数据，学校可以定期让领导者从每个年级或教师团队收集几个评估实例，并寻找它们与州和学区标准的联系。然后，学校领导班子针对评估结果与全校的一致性进行汇总，并与全校师生分享，必要时领导者会向评估结果不一致的团队提供反馈。

其他快速数据的例子包括：

- 当被问及时，教师能够说明他们在课程中教授的具体标准。
- 教师对共同评估样本进行编码，来说明他们衡量的标准。
- 当被问及时，教师或教师团队可以解释他们如何设计课程来讲述他们目前所教的具体标准。

领导者责任制

在该指标下，领导者负责监督是否制定了使课程和配套评估符合州和学区标准的方案和做法，以及这些措施是否达到预期效果。领导者可以使用表4.1中的量表来评估其效果。

表4.1 领先指标3.1的评价量表

持续阶段	应用阶段	发展阶段	开始阶段	未曾尝试
学校通过快速数据源不断积累信息来监督学校的课程是否符合州和学区的标准，并在快速数据显示存在潜在问题时采取适当干预行动	学校制定了方案和做法，确保学校的课程符合州和学区的标准，并能产生滞后指标来显示这些措施的预期效果	学校制定了方案和做法，确保学校的课程符合州和学区的标准	学校正初步拟定方案和做法，确保学校的课程符合州和学区的标准，但尚未完成	学校未曾尝试确保学校的课程符合州和学区的标准

当领导者推进量表时，需要帮助教职工深入研究州和学区标准，针对学生需要了解什么和能做什么形成共同理解，并确保课堂教学和评估与共同理解相符。如果学校允许教师自己独自解读标准，那就很可能会产生不同的解释。如此一来，学生的学习经历以及对学生的学习期望就会有所不同，这反过来又会使学生学习因教师而产生差距。另一个挑战是缺乏足够的符合标准的高质量评估。很多时候，创造高质量评估是这一级最大的发展任务之一。对于这个挑战，最佳解决办法是逐步增加评估。如果教师在一段时间内逐步而持续地进行评估，那么就会出现大量的评估。

领先指标3.2　学校课程重点突出，教师可以在现有时间内妥善处理

该领先指标的重点是开发可行课程。这一点在课程设置过程中经常被忽视。然而，学校必须真正地"教授"内容，而不仅仅是"涵盖"内容。马扎诺在《学校如何运作》一书中指出，"可行课程"（viable curriculum）是指教师能够在现有时间内教授的课程。然而这就是问题所在。根据学校校历简单比较学生上课的天数和标准的数量，就能暴露出学校必须解决的课程陷阱。一般来说，一学年里，学生上课天数约为175天。然而，这个数字对于教师实际授课天数来说具有误导性。下面的例子代表了大多数学校的实际情况。

按学生每学年的就学天数为175天来算，我们需要减去每学期的第一天和最后一天，因为这两天往往会有很多后勤工作和组织工作，教学时间很少。我们还要减去参加美国州和国家考试的教学天数。根据《华盛顿邮报》2013年7月25日的一篇文章，一个美国中西部学区每年损失的教学时间多达19天，另一学区则损失了一个半月。如果按较少的19天算，那么我们用于教学和学习的天数不超过152天。这个数字还是建立在教学时间

没有因为天气或设施问题等不可预见因素而减少的假设上。

教师教授的标准数量必须达标，但教学日又减少了很多，这就导致教学任务几乎无法完成。为了改善这一情况，学区和学校领导应该让教师参与制定每个学科和年级的优先标准。塔米·赫夫尔鲍尔（Tammy Heflebower）等人对于优先标准概念的解释如下：

> 优先标准是指那些被确定为对某一特定年级、学科或课程最重要的标准。尽管教授不被视为优先的标准仍然很重要，但教师要投入大量的时间和资源来确保学生已经掌握优先标准。

学区可能会对标准进行优先排序，但是如果没有，则这一工作应成为协作团队建设专业学习共同体过程的一部分，这也回答了关键问题一：我们想让学生学会什么？马扎诺等人指出：

> 协作团队可以通过下述步骤来建立标准优先次序：协作团队查看他们年级和学科的每个标准，让每位教师选择自认为重要的标准（或部分标准）进行讨论并达成共识，确定哪些是重要内容。

赫夫尔鲍尔、霍格和沃里克指出，协作团队在这个过程中可以遵循四个步骤：（1）分析标准，熟悉材料；（2）分别对每个标准的优先级进行评分；（3）将优先级高的标准按学科分组；（4）检查分组后的标准，并根据需要进行调整。

对于学校领导者而言，关键是为此指引方向、提供时间并创造机会。赫夫尔鲍尔等人建议，学校领导应该用一整天的时间进行标准评级，以确保团队对要教授的优先标准形成清晰的共同理解。教师或教师团队发现，在这个过程中建立一套评分标准非常有用。例如，以下五个维度有助于确定优先标准。拉里·安斯沃思（Larry Ainsworth）确定了前三个维度，赫夫尔鲍尔、霍格和沃里克推荐了后两个维度。

1. 持久性：该标准具有的知识和技能能够不止在一节课或一门课程

上持续使用。

2. 影响力：该标准具备的知识和技能涵盖很多学习领域。

3. 准备工作：该标准具备的知识和技能对后续内容或课程很重要。

4. 教师判断：教师在该学科知识渊博，能够判断哪些内容比较重要，哪些没那么重要。

5. 评估：学生有机会学习将被评估的内容。

教师或协作团队利用这五个维度在打分表上为每条标准打分，如表4.2所示。每条标准符合一个维度得一分。打分结束时，教师会确定得分最高和最低的标准。通过这个过程，他们更清楚应该优先考虑哪些标准。

表4.2　标准优先排序打分表

标准	持久性	影响力	准备工作	教师判断	评估
解释以视觉、口头或定量方式呈现的信息（例如，在图表、图形、图解、时间线、动画或网页上的交互元素），并说明这些信息如何帮助学生理解它背后的文本	1	1	1	1	1
在适当的时候，在演示中加入录音和视觉展示，以推动主旨或主题的发展	1	1	0	0	0

在第三级，一个关键的领导行为就是要持续监督课程的可行性。如果

教师初步确定了一系列优先标准，学校领导应让教师进行反思，确保这些标准确实能开发可行的课程。这个反思过程应该自然而然地变成贯穿全年的团队课程回顾，并作为专业学习共同体过程的一部分，与协作团队的工作直接联系起来。团队可以通过监控特定标准的授课天数，并针对他们给这些标准分配的时间做一些简要的反思记录，来有效地实现这一点。在学年结束时，团队应该进行反思，并在下学年开始前对优先标准进行必要的调整。

滞后指标

学校可以利用李克特量表，设定4.0分（满分5.0分）为滞后指标标准分数，从而确定并监督领先指标3.2的滞后指标，供教师回答以下问题：我有时间在工作日和学年中教授优先标准。该量表的得分范围如下：1.非常不同意；2.不同意；3.不一定；4.同意；5.非常同意。领导者要求教职工每年回答一次表中的问题。如果分数低于平均4.0分，那么教师必须调整优先标准。

涉及领先指标3.2的其他滞后指标包括：

- 能够说明每门课程和每个年级的优先标准或科目的文件已经到位。
- 课程审核划定了有效教授每个年级和每门课程的优先标准或科目所需的时间。
- 课程团队的会议记录和议程能够表明重点内容或科目的可行性和教授时间。

快速数据和持续改进

为了收集和分析该指标的快速数据，可以让学校指导组询问三位教师是否有时间进行教授、评估以及再次教授优先标准，然后对结果进行汇总审查。这种方式无需花费很多资源对所有教师进行调查，就能充分了解学校运转是否一切正常。

其他快速数据的例子包括：

- 当被问及时，教师可以说明他们在特定课程体系下的优先标准或优先科目。
- 教师协作团队能够表明他们有足够的时间在必要时为学生重新教授和评估优先标准或科目。
- 在参与调查时，教师表示课程地图或进度指南让他们有足够的时间来充分教授课程。

领导者责任制

在该指标下，领导者要负责监督是否制定了方案和做法使所有学科的

表4.3　领先指标3.2的评价量表

持续阶段	应用阶段	发展阶段	开始阶段	未曾尝试
学校通过快速数据源不断积累信息，以监督所有学科的课程是否足够集中，以便教师能够在现有时间内充分处理，并在快速数据显示存在潜在问题时采取适当干预行动	学校制定了方案和做法，确保所有学科的课程足够集中，以便教师能够在现有时间内充分处理，并能产生滞后指标来显示这些措施的预期效果	学校制定了方案和做法，确保所有学科的课程足够集中，以便教师能够在现有时间内充分处理	学校正初步拟定方案和做法，确保所有学科的课程足够集中，以便教师能够在现有时间内充分处理，但尚未完成	学校未曾尝试确保所有学科的课程都足够集中，以便教师能够在现有时间内充分处理

课程都足够重点突出，以便教师可以在现有时间内处理，以及这些措施是否达到预期效果。领导者可以使用表4.3中的量表来评估其效果。

领导者在推进量表各个阶段时会遇到以下挑战：追求“覆盖率”的教职工很难将自己的教学心态调整为以“学生能力”为出发点。实现这种心态转变可能需要与教师进行大量深入的讨论。

在教授哪些内容上与学生产生的分歧也可能构成挑战。我们发现，每年的学科内容回顾能够让教师有机会做出改变，从而有效解决这一潜在问题。

最后，如果教师选择的内容不严谨，领导者可能会面临挑战。通常情况下，教师在选择优先标准时似乎是基于标准评估的难易程度，而非基于持久性、影响力、准备工作、教师判断和评估等维度。

领先指标3.3　所有学生都有机会学习课程的关键内容

“有保障的课程”意味着在同一门课或同一年级，所有教师教授的内容相同。在这种情况下，一个二年级班的学生与另一个二年级班的学生所学内容相同，或者一个九年级英语班的学生与另一个九年级英语班的学生所学内容相同。如果专业学习共同体过程能保证学校十分妥善地处理领先指标3.2，那学校领导就可以直接关注该指标。具体来说，如果教师已经严格确定了优先标准，那么学校领导必须确保每位教师对这些标准给予同等重视。学校领导可以通过检查教案来检验优先标准的内容是否得到同等重视。协作团队进行共同评估也不失为一个好办法。在单一教师授课的学校或课程中，确保所有学生都能平等地学习优先标准是情理之中的事情。

为了确保课程有保障，学校领导还应该考虑另外两个方面：（1）开设全面的词汇项目；（2）针对知识应用和元认知技能提供直接指导。

1. 开设全面的词汇项目：罗伯特·马扎诺等人强调了词汇的重要性，

他们说："词汇知识是学科知识的基础，所以应该成为课程重点。"学校最初开设全面的词汇项目时，可以让每个教师或协作团队在年级或课程的优先学科标准中确定一组"有保障的术语"。一个年级或课程初步的词汇清单包含40到60个术语。接下来，各个年级的教师以纵向团队的形式会面，针对每个年级和学科"有保障的术语"达成一致。最终，各团队在每个年级确定20到30个术语，并保证会将其教授给所有学生。这样一来，每个教师或团队将组建一组独一无二的有保障的词汇供学生学习，从而帮助学生在每个学科纵向学习时建立必要的背景知识。

2. 针对知识应用和元认知技能提供直接指导：在21世纪，学校必须教授给学生一些技能来让他们为大学和职业生涯做好准备。罗伯特·马扎诺指出，学校必须教授两类技能：（1）认知技能；（2）元认知技能。表4.4

表4.4　认知技能

认知技能	定义
得出结论	利用信息产生新观点
找到常见的逻辑错误	分析结论或论据的正确性或真实性
提出主张并予以佐证	利用理由和证据支持新观点
浏览数字资源	在网上或电子资源中寻找相关信息，并评估其可信度
问题解决能力	突破障碍和限制条件实现目标
决策能力	从备选方案中选择最佳方案
实验	对事件或现象做出解释并测试其准确性
调查	针对一个话题、事件或观点提出问题，并给出答案、解决方案或做出预测
找出观点之间的基本关系	理解并认识到两种观点是如何通过时间、原因、补充或对比而相联系的
生成并使用心理图像	在脑海中想象图像、符号或情景，并利用它们来检验观点和解决方案

列出了常见的认知技能。

这些认知技能有悠久的教育历史，具体来说，许多认知技能是20世纪80年代的热门教学目标，当时人们对思维能力教学兴趣浓厚。在此期间，元认知技能也成为教学的重点。表4.5列出了常见的元认知技能。

表4.5 元认知技能

元认知技能	定义
目标规划和调整	设定长期或短期目标，制定实现计划，并根据需要调整计划
如不能立刻得到答案和解决方案，要持续关注问题	试图解决复杂问题时，要接受挫折并重新尝试解决问题
突破知识和技能的极限	为获取新知识和技能设定或调整目标，而不是待在自己的舒适区
制定高标准并不懈追求	努力做成一件事之前，要知晓最终结果应该如何，以及如何判断成功与否。
循序渐进	将知识或技能拆分成方便处理的小任务以避免不堪重负，并检查各部分与整体的关系
追求准确性	分析信息来源的可靠性，并参考多方信息源来核实信息
保持思路清晰	获取新信息时，留意自己的困惑之处，并设法减轻困惑
避免冲动	留意想要做出反应或得出结论的冲动，停下来调整该反应或收集更多信息
追求凝聚性和连贯性	监督系统中各个部分之间的关系以及各部分与整体之间的关系，在关系不稳定或没有达到预期结果时做出调整

顾名思义，元认知技能包含很强的自我分析因素，这意味着学生必须对自身认知过程进行思考，才能使用元认知技能。

与认知技能和元认知技能相关的领导力的一个关键方面是要帮助确定

哪些技能自然地属于不同学科的现有课程和教学活动。如此一来，全校教师就可以在教学中负责其中一两项技能，而不是让任何一个小组觉得自己需要负责所有这些技能。从根本上说，学校领导必须有效地将这些技能分散到所有课程领域，让全校共担责任。

为此，学校领导可以让教师或协作团队确定与自身学科和课程标准有最自然、最直接联系的认知技能和元认知技能。接下来，教师领头人和管理人员组成团队，确定在每个课程领域应该教授哪些技能。该团队可能会选择在多个课程领域教授一些技能，这种做法确实很合理。但是我们要明白，正是由于这些技能的本质才使得它们在许多不同学科中都切实可行，并且有些学科天然适合教授某些技能。例如，体育教育可以轻松向学生讲授“突破知识极限”这一元认知技能，体育教师几乎可以在每个授课单元中教授此技能。学校领导应该明确表示，在确定教师要在哪些学科教授哪些技能时，如果发现技能与学科之间存在天然联系且很容易融入已经完成的工作，不会阻止教师教授这些技能。

滞后指标

学校可以通过设定目标，让全体协作团队向指导组提交自己的优先标准清单、词汇清单以及认知技能和元认知技能清单，来确定并监督领先指标3.3的滞后指标。然后，学校可以在学校或学区网站上公布每个课程或年级的清单。这种程度的透明让所有学生、教职工和社区都能敏锐地意识到每门课程和每个年级的学习期望。

涉及领先指标3.3的其他滞后指标包括：

- 教案审查表明，教师在课程范围内教授优先标准或科目。
- 课程进度审查表明，所有教授特定科目或课程的教师都教授为该学科确定的优先标准。

- 所有教授同一年级或同一课程的教师都对优先标准或科目使用共同评估。

快速数据和持续改进

为了收集和分析该指标的快速数据，学校可以让各团队定期提交自己正教授给学生的优先标准，以及班级中熟练掌握这些标准的学生比例。

其他快速数据的例子包括：

- 被问及时，教师可以阐明自己目前的优先标准或优先科目。
- 协作教师团队会议的观察结果表明，所有教师都在同一时间教授优先标准或科目。
- 特殊教育的文件表明，学生可以根据个性化教育计划学习课程中的重要内容。

领导者责任制

在该指标下，领导者要负责监督是否制定了方案和做法来保证所有课程内容均直接教授学校课程中的优先标准或科目，并确保所有学生都能学习到关键性内容，以及这些措施是否达到预期效果。领导者可以使用表4.6中的量表来评估其效果。

如果同一门课程根据不同的学生分组方式而具有不同的结果预期（通常被分为高级课程与常规课程，两者的课程结果预期应该相同），那么领导者在推进该量表时就会面临挑战。例如，学校可能将代数分成高等代数、普通代数和矫正代数等。

另一个挑战是，学校没有适当的程序来确保教师对每门课程的优先标准都达成共识。领导者通常不会监督预期课程、实施课程和获得课程，而这种做法就会产生问题。

表4.6 领先指标3.3的评价量表

持续阶段	应用阶段	发展阶段	开始阶段	未曾尝试
学校通过快速数据源不断积累信息，以监督所有课程内容是否均直接教授学校课程中的优先标准或主题，确保所有学生都能学习到关键性内容，并在快速数据显示存在潜在问题时采取适当干预行动	学校制定了方案和做法，确保所有课程内容均直接教授学校课程中的优先标准或主题，确保所有学生都能学习到关键性内容，并能产生滞后指标来显示这些措施的预期效果	学校制定了方案和做法，确保所有课程内容均直接教授学校课程中的优先标准或主题，确保所有学生都能学习到关键性内容	学校正初步拟定方案和做法，确保所有课程内容均直接教授学校课程中的优先标准或主题，确保所有学生都能学习到关键性内容，但尚未完成	学校未曾尝试确保所有课程内容均直接教授学校课程中的优先标准或主题，确保所有学生都能学习到关键性内容

领先指标3.4 学校制定了明确的可衡量目标，重点关注提高学校学生整体成绩的关键需求

该领先指标的重点是制定全校性的学生成就目标。如果学校处理好这一领先指标，就能为学术部、协作团队和教师个人的学生成就目标提供一个清晰的愿景，如此一来，他们就可以迈着一致的步伐，共同朝着目标努力。

撰写全校性目标的最佳方法之一是采用“SMART”目标的形式（战略性、可衡量性、可实现性、结果导向性、时限性）。

学校的改进目标应该说明在州评估和学区基准评估中达到熟练水平或更高水平的学生比例。这些目标应着眼于学生的整体成就，并努力缩小不同种族和社会经济水平的学生群体之间的成绩差距。

以下示例是按照“SMART”目标形式制定的全校性目标，还说明了协作团队应该如何将目标与全校目标结合起来。因此，每个协作团队都会关注其特定的学生群体，并通过这种方法来共同实现全校性目标。

学校目标

- 根据学区基准评估和州评估，至少75%的学生将在数学方面达到熟练或更高水平。
- 根据学区基准评估和州评估，至少65%的经济困难学生将在数学方面达到熟练或更高水平。

代数团队目标

- 根据学区基准评估和州评估，至少75%的学生将在代数方面达到熟练或更高水平。
- 根据学区基准评估和州评估，至少65%的经济困难学生将在代数方面达到熟练或更高水平。

假设每个特定课程或数学水平的协作团队都为其团队制定了类似的目标，整体来看，这些团队都在朝着全校性目标努力，但就个体而言，他们当时的关注点是课程中的学生。当全校性目标和协作团队的目标一致时，协作团队可以根据团队的学生成绩目标中设定的比例来分析所给出的共同评估。这就使得团队成员能够持续监督学生在实现最终目标方面的进展，并在学生表现不佳且没有达到学校和团队目标中设定的熟练水平时及时实施干预。领先指标3.5阐述了如何为该过程建立体系和制定方案的问题。

滞后指标

学校可以通过制定、公布全校目标，并让各团队为每门课程的每个优先标准制定“SMART”目标，来确认和监控领先指标3.4的滞后指标。然后，各团队与全体教职工互相分享目标，并监督全年的进展情况。团队可以比较每年的结果，并根据上一年的表现做出调整，如此循环继续。

涉及领先指标3.4的其他滞后指标包括：

- 学校和各团队将根据在基准评估或州评估中达到熟练或更高水平的学生比例制定书面目标。
- 学校和各团队制定书面目标，消除不同社会经济水平或不同种族的学生的成绩差异。
- 书面目标包含每个目标的具体时间表，包括负责该目标的个人或团队。

快速数据和持续改进

为了收集和分析该指标的快速数据，学校可以让学校领导团队每季度汇总教师团队目标的最新进展。然后，各团队进行反思，并针对是否有望在年底前实现目标互换意见。

其他快速数据的例子包括：

- 当被问及时，教师可以描述学校在实现全校目标方面的进展。
- 当被问及时，教师可以描述与自己负责的教学内容直接相关的具体性、全校性成绩目标。

领导者责任制

在该指标下，领导者要负责监督是否制定了方案和做法来建立明确的、可衡量的目标，并制定具体的时间表来重点关注提高学校学生整体成绩的关键需求，以及这些措施是否达到了预期效果。领导者可以使用表4.7中的量表来评估其效果。

领导者在推进该量表各个阶段时面临的挑战包括：由于缺乏先前数据，领导者很难为优先标准设定熟练程度目标（例如，如果不了解学生以前在该标准上的表现，就很难确定目标的可实现性）。

表4.7　领先指标3.4的评价量表

持续阶段	应用阶段	发展阶段	开始阶段	未曾尝试
学校通过快速数据源不断积累信息来监督全校对既定目标的关注和进展情况，并在数据显示存在潜在问题时采取适当干预行动	学校已经建立了明确的、可衡量的目标，并制定了具体的时间表来重点关注提高学校学生整体成绩的关键需求，而且还可以产生滞后指标来展示这些措施的预期效果	学校已经建立明确的、可衡量的目标，并制定了具体的时间表来重点关注提高学校学生整体成绩的关键需求	学校初步建立了明确的、可衡量的目标，并制定了具体的时间表，重点关注提高学校学生整体成绩的关键需求，但尚未完成	学校未曾尝试建立明确的、可衡量的目标，未曾制定具体的时间表来重点关注提高学校学生整体成绩的关键需求

教职工也会觉得这很有挑战性，因为他们没有为内部评估结果设定目标的习惯。最后，虽然学校可能制定了书面目标，但如果学校文化并不鼓励实现目标，领导者会发现达成目标困难重重。

领先指标3.5　学校分析、解释并使用数据定期监督学校成绩目标的进展情况

该领先指标需要一个全面的评估系统来分析、解释和使用数据，监督学生成绩目标的进展情况。马扎诺建议采用三种评估系统：（1）课堂评估；（2）中期评估；（3）年终评估（如图4.1所示）。

图4.1表明，这三个层次的评估使用频率非常不同。显然，课堂评估最接近学生的日常生活，学生参与这类型评估的频率也最高。可惜的是，

评估专家指出，课堂评估有许多缺点，例如：

- 教师对课堂评估的准备不充分或毫无准备。
- 教师对于课堂评估的打分方式比较特殊且飘忽不定。
- 教师的课堂评估建立在错误的评估理念之上。
- 教师没有使用多样化的评估方式。
- 教师准备课堂评估的速度太快，而且没有经过充分审查。
- 课堂评估导致教师的评价判断不准确。

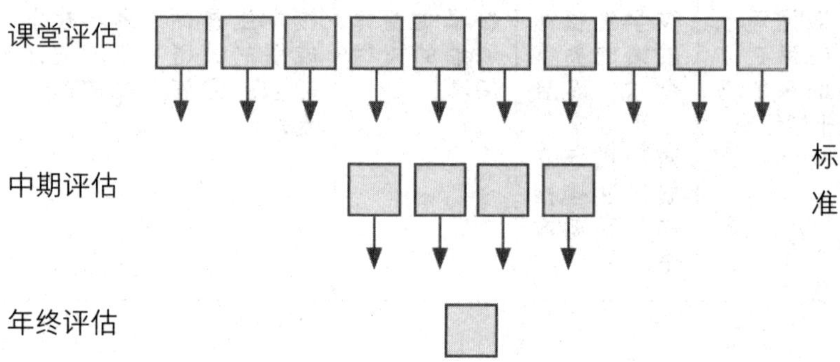

图4.1　三种评估系统

尽管课堂评估存在这些缺点，但是马扎诺已经展示了教师如何设计和实施课堂评估系统才能使课堂评估与年终评估和中期评估一样可靠有效。此外，他还详细介绍了一个流程来帮助学校领导使用课堂评估衡量学生在具体学科上的成长。他表示，领导者应该保证在有保障的可行课程设置下，为每个优先标准或学科设计多个平行评估。教师针对每个教学任务进行共同的前测和后测。这样，教师可以衡量学生在每个优先教学任务上的成长。有了此系统，学校领导者就可以在标准或课题层面上设定和监督“SMART”目标。

接下来是中期评估。M. 克里斯蒂娜·施耐德（M. Christina Schneider）

等人对于中期评估的定义如下："中期评估（有时被称为基准评估）是在整个学年或学科课程中定期对学生进行的标准化评估。"教师也可以利用中期评估来制定学生成绩目标，并监督目标实现进度。仅使用年终评估和中期评估所产生的明显问题是，忽略了最常见的评估类型。

最后，年终评估无疑是监督学生成绩的一个重要信息来源。施耐德及其同事对年终评估的描述如下：

> 各州利用年终评估来衡量学校和学区在州立标准方面的表现。因为评估内容是累积性的，而且为了证实学生在所有州级标准上的能力极限，要在州级内容标准中进行抽样，所以评估涉及的范围很广。简单来说，年终评估是总结性评估。其实"年终评估"这一术语并不恰当，因为年终评估有时在学年结束时进行（通常是在3月或4月），但有时在学年的第一学期进行。

滞后指标

学校可以通过确保所有团队为每一个优先标准建立并使用共同评估来确定和监督领先指标3.5的滞后指标。此外，所有团队在完成共同评估并对共同评估进行打分后，都必须汇报每个优先标准中达到熟练程度的学生人数。

涉及领先指标3.5的其他滞后指标包括：

- 学校领导提供关于实现学生成绩目标总体进展的报告、图形、图表。
- 协作团队更新数据墙来展示学生成绩目标的实现进展。
- 教师经常使用多种类型的评估并汇报评估结果（例如，基准评估和共同评估），以监督学生实现成绩目标的进展。

快速数据和持续改进

为了收集和分析该指标的快速数据，学校可以让指导组提取优先标准的数据，并且按季度审查团队取得的进展。如果团队缺失数据，学校领导会提供指导和支持以确保今后能随时获得此类数据。

其他快速数据的例子包括：

- 当被问及时，教职工可以描述他们能够获得的不同类型的汇报。
- 协作团队在教师会议上提供有关学生成绩目标进展的数据简报。
- 学生跟进自身成绩目标进展。

领导者责任制

在该指标下，领导者要负责监督是否制定了用于监督学校成绩目标进展的方案和做法，以及这些措施是否达到了预期效果。领导者可以使用表4.8中的量表来评估其效果。

表4.8 领先指标3.5的评价量表

持续阶段	应用阶段	发展阶段	开始阶段	未曾尝试
学校通过快速数据源不断积累信息，确保能够经常利用数据来监督学校成绩目标的进展情况，并在数据显示存在潜在问题时采取适当干预行动	学校已经建立了监督学校成绩目标进展情况的体系和做法，而且可以产生滞后指标来显示这些措施的预期效果	学校已经建立了监督学校成绩目标进展情况的体系和做法	学校初步建立了监督学校成绩目标进展情况的体系和做法，但尚未完成	学校未曾尝试建立监督学校成绩目标进展情况的体系和做法

领导者在推进该表各个阶段时会发现，学校刚开始监督每项优先标准的进展时会遇到挑战。我们建议团队首先监督3至4个他们认为最重要的优先标准的进展。

团队也会普遍感觉量表推进比较棘手，因为他们虽然完成了数据收集，却没有将其利用起来。此外，他们可能不清楚如果要实现学生成绩目标，他们需要不断取得多少进步（他们并未在实现目标过程中设定基准，只制定了年终目标）。

领先指标3.6　学校在全校和班级层面制定适当的方案和做法，在数据显示需要采取干预措施时，帮助学生实现个人成绩目标

这一领先指标的重点是通过进行集体干预和扩展实践来助力学生学习和成长，这些实践会作为灵活的系统，积极响应学生需求。学校领导层需要确定、实施并监督这些系统。正如理查德·杜富尔所言，“对于任何针对学生的干预系统而言，只有建立起既监督学生学习又在学生遇到困难时做出应对的程序之后才会有效”。

在2010年前后，由于学校领导开始改变范式，并看到干预反应范式（Response To Intervention, RTI）概念以多种不同方式出现，干预反应策略的实施取得了积极且富有成效的进展。例如，学校领导已经认识到，除了教授干预反应范式本身包含的内容，还必须教授学生一些拓展知识。为了成功实施这一领先指标，学校领导需要考虑，哪些课堂和全校范围内的做法能够帮助学生学习，同时思考两者如何协调并服务所有学生。学校领导应该考虑以下几个指导性问题：

- 我们目前的时间安排是否为适当的学习干预留出了时间？
- 我们的教职工是否具备实施有效干预措施所需的知识和技能？

- 我们将如何监督干预措施才能确保它们发挥作用？

该领先指标与领先指标1.4以及学校实施的专业学习共同体过程有直接联系。事实上，通过专业学习共同体过程，协作团队高效实施了干预策略。要做到这一点，协作团队中的每位教师都要意识到，集体行动可以更有效地帮助所有学生学习。

为了帮助培养教师对学生成绩的集体责任感，学校领导应该公开鼓励并期望教师使用一些策略，如根据学生需求灵活分组。

学校领导的直接职能是为这些类型的干预措施创造时间和空间，通常包括为协作团队安排好具体的干预时间，以便其根据学生需求对学生进行分组和再分组。此外，使用灵活的分组方式能保证至少有一个教师团队来指导那些有能力参与拓展学习的学生。教师会发现这种策略在小学和中学都很有效。

表4.9是俄克拉何马州中德尔学区艾伯利山庄小学（Epperly Heights Elementary）干预时间安排的基本示例。该校将其干预时间称为“马儿快跑”（mustang stampede）时间。在干预时间内，所有教师每周二到周四都同学生进行阅读辅导活动。表4.7中不同的颜色代表了学生参与干预的不同时间。这个表格重要的部分是，无论学生被安排在哪个时间（红色、黄色、蓝色或绿色），他们每天上午9:10到9:40都会参与“马儿快跑”活动。

图4.2是内布拉斯加州南苏城南苏城中学的干预时间表。周二至周五在全校范围内进行“我需要什么”（What I Need, WIN）的干预活动。顾名思义，这段时间旨在让学生接受学习干预或学习拓展。这些干预和拓展依据的是评估教师为每个年级每个学科确定的优先标准，符合学生作为学习者的具体需求。

表4.9 艾伯利山庄小学“马儿快跑”干预时间表

	红色	黄色	蓝色	绿色
9:10–9:40	全校“马儿快跑”活动 周二，周三和周四			
9:45–10:25	帕克/怀廷 三年级	麦科勒姆/怀廷 三年级	伯克曼/怀廷 三年级	克莱顿/怀廷 三年级
10:25–11:05	马塞尔曼 四年级	佩里 四年级	克利克 四年级	皮尔索尔 四年级
11:05–11:45	班尼特 五年级	罗德尼 五年级	伍达德 五年级	考克斯 五年级
12:35–13:15	学前班	学前班	学前班	学前班
13:20–14:00	哈里斯 幼儿园	托尔曼 幼儿园	弗莱什曼 幼儿园	怀特 幼儿园
14:05–14:45	布兰顿 一年级	肖 一年级	斯塔尔茨 一年级	马修斯 一年级
14:50–15:30	C. 菲利普斯 二年级	斯托达德 二年级	斯特林费罗 二年级	布拉思韦特 二年级

周二至周五时间表

第一节：8:10–8:53
第二节：8:57–9:40
第三节：9:44–10:27
第四节：10:31–11:14
第五节和第六节：11:18–13:19

午间组

第一组：11:15–11:50
第二组：11:20–11:55
第三组：11:25–12:00
第四组：11:30–12:05
第五组：11:35–12:10
第六组：11:40–12:15
第七组：11:50–12:25
第八组：11:55–12:30
第九组：12:00–12:35

第七节：下午1:23–1:51（“WIN”时间）
第八节：下午1:55–2:38
第九节：下午2:42–3:25

图4.2 南苏城中学“WIN”时间表

图4.3是得克萨斯州朗德罗克圆石高中“致力学习”（working on work, WOW）干预时间表。在干预时间内，所有教师都会待在自己的教室，学生有任何学科方面的问题都可以寻求教师的帮助。要想获得教师的辅导、重新参加测验或寻求任何类型的学业帮助，学生需要获得一张“WOW”通行卡，以便在这段时间里见到特定的教师。因为高年级学生每天拥有一段自由支配的校外时间，所以“WOW”时间被特意安排在第三节和第四节课之间，这样一些学生如果不需要在“WOW”时间寻求帮助，就可以像往常一样外出。

第一节和第五节：9:05–10:25
第二节和第六节：10:31–11:51
第三节和第七节：
- 午餐时间1：11:57–12:27
- 午餐时间2：12:38–13:14
- 午餐时间3：13:25–14:02

WOW时间：14:00–14:42
第四节和第八节：14:48–16:08

图4.3　圆石中学的“WOW”时间表

另一个高效利用时间进行学习干预的方法是，在总课程表中设置干预班，由具有特定学科专业知识的教师负责。学校领导必须在排课过程中对此进行规划，如果可能的话，最终目标应该是每天的干预课都有一位学科专家教师。我们了解到，郊区有一所大型高中，它为任何数学成绩落后，或者只是想得到额外帮助来学习难掌握的数学概念的学生提供了一间数学干预教室。4到5个不同数学水平的学生任何时候都能进入该教室寻求帮助，或有机会与指定的数学教师一起学习。如果教师认为数学干预教室对学生有益，就可以让学生在数学课时间进入该教室，或者这些学生获得通行卡后在自习课时自己去到该教室。

学校领导还应该考虑如何为教职工配备具体的干预策略资源，帮助他们满足学生的学习需求。在俄克拉何马州鹿溪学区的格罗夫谷小学（Grove Valley Elementary School），学校领导班子为任课教师制作了一本阅读干预策略电子书手册。这本电子书为教师提供了与特定阅读技能相匹配的策略选择，并明确解释了如何实施这些策略。它还提供了如何实施干预的视频示例。

监督系统对该指标也很重要。监督系统应该与学校的专业学习共同体过程协同运作。例如，全校的协作团队应该利用他们的工作评估数据来了解干预需求，并据此决定对学生个体使用哪些具体的干预策略。通过这种方式，学校的干预时间和资源与协作团队所监控的学生的需求直接联系起来。因此，这些系统在专业学习共同体学校中相互依存。这些系统可以是基于技术的，也可以利用数据墙或数据板。对于任何监督系统而言，学校领导都应考虑两个关键条件。首先，协作团队必须定期更新和审查系统中的数据。其次，该系统必须监督所有学生取得进展或缺乏进展的情况。如果满足这两个条件，那么监督系统就可以更好地反映干预需求。

格罗夫谷小学的数据墙位于学校会议室，会议室使用时数据墙会被门挡住。数据墙包含多个级别，可以监督学生一整年的进步情况。彩色磁铁上有学生名字，磁铁颜色代表该生在阅读和数学方面的初步评估水平（红色=严重干预，黄色=干预，蓝色=观察中，绿色=达到或超过年级水平）。教师完成全年共同评估后，各年级团队会分析数据，上下移动学生层级的位置，并制定相应的学习干预和拓展计划。

滞后指标

学校可以建立一个目标，即全体学生都有机会在每个优先标准上得到额外的学习时间和帮助，以及在准备就绪时获得拓展指导，以此来确定和监督领先指标3.6的滞后指标。在整个学年中，学校希望教师团队对待每个优先标准都能根据学生需求对学生进行分组和再分组。学校在制定总课程表时，为每个年级预留了干预和拓展时间。各团队持续跟进学生的分组情况，并监督成绩进步情况。

涉及领先指标3.6的其他滞后指标包括：

- 学校安排的课程表让学生能够在在校期间有机会参与干预。
- 学校制定了学生个人学业成绩拓展和提升计划。
- 学校提供“延长学年”服务。

快速数据和持续改进

为了收集和分析该指标的快速数据，学校可以选择五名在掌握某一优先标准中感到吃力的学生和五名已经在该标准上达到熟练水平的学生。教师对这两组学生进行采访，并尝试找出对他们有效的干预措施。

其他快速数据的例子包括：

- 当被问及时，教师可以就为学生提供的干预机会做出阐释。
- 具体的数据来源表明，哪些学生目前被认定为需要采取干预措施。
- 协作团队的会议记录表明，学校对接受特定干预的学生取得的进展进行持续监督。

领导者责任制

在该指标下，领导要负责监督是否制定了方案和做法用来在数据显示需要干预时，采取全校和课堂层面的干预措施，帮助学生实现个人成绩目标，以及这些措施是否产生了预期效果。领导者可以使用表4.10中的量表来评估其效果。

领导者在推进该表中各个阶段时面临的主要挑战是，学校在安排课程以便让所有学生都获得额外的学习时间和支持时，会产生一些变数。改变学校安排会改变人们的生活，也会让人感到不安。另一个挑战是，尽管学校制定了现行教学安排，但教师和领导可能没有足够重视这段教学时间内的教学质量，并用其来帮助学生实现个人成绩目标。

表4.10 领先指标3.6的评价量表

持续阶段	应用阶段	发展阶段	开始阶段	未曾尝试
学校通过快速数据源不断积累信息，以监督是否采取了适当的全校和班级层面的干预方案和做法，来帮助学生实现个人成绩目标，并在数据显示存在潜在问题时采取适当干预行动	学校制定了方案和做法，以确保在数据显示需要干预时采取适当的全校和班级层面的干预方案和做法，来帮助学生实现个人成绩目标，并能产生滞后指标来显示这些措施的预期效果	学校制定了方案和做法，以确保在数据显示需要干预时采取适当的全校和班级层面的干预方案和做法，来帮助学生实现个人成绩目标	学校初步拟定了方案和做法，以确保在数据显示需要干预时采取适当的全校和班级层面的干预方案和做法，来帮助学生实现个人成绩目标，但尚未完成	学校未曾尝试制定方案和做法，以确保在数据显示需要干预时采用适当的全校和班级层面的干预方案和做法，来帮助学生实现个人成绩目标

第三级转变

数据驱动式教学模型第三级的重点是确保实行有保障的可行课程。为此，学校需要为所有学生建立获取重要内容的渠道，并针对该内容制定目标，监督目标实现情况。我们可以看到，学校领导已经在这方面取得了巨大成果。下面是一些例子。

在第三级，特许学校的关键工作之一是建立一个全面的词汇项

目。尼奥斯特许学校的校长助理詹娜·丁特拉（Jenna Tintera）在此处直接谈及了这项工作为她的学校带来的好处：

“我们在全校范围内实施二级和三级学业词汇项目，让学生和教师能够明确每个学习单元的学业内容。但是，对我们来说，最大的改变是实施一级词汇监督系统。我们监督母语非英语（English as a second language, ESL）的学生的成长，并针对他们的一级词汇需求制定年级计划。结果表明，学生的英语口语和写作能力得到了显著提高。”

2016年，德州教育局承认尼奥斯特许学校是得克萨斯州表现最好的“Title I”学校之一。

数据驱动式教学模型第三级的另一个重点是实施协调的干预系统。内布拉斯加州南苏城的南苏城中学校长汤姆·麦奎尔（Tom McGuire）见证了学校发展干预系统为全校所有学生带来的好处：

“南苏城中学的目标是让所有学生都获得高学习水平。我们相信，利用‘WIN’时间表，我们能够满足每个学生在自身学习水平基础上对每个优先标准的需求。‘WIN’时间表使我们的学生能够作为独立学者为自身辩护。我们的成绩数据趋势之所以能持续向好，‘WIN’时间表功不可没。在使用‘WIN’时间表的第三年，九个待评估领域中，我们有六个领域在学业进度评估（Measures of Academic Progress）中高于现状标准。两年前，我们所有待评估领域都远远低于现状标准。”

印第安纳州新怀特兰市休息日小学校长特瑞纳·莱克（Trina Lake）发现，使用高可靠性学校（HRS）模型来确定影响力大的标准和词汇，能帮助学校建立更可靠的有保障的可行课程。该学校现在已经制定了自己的标准，而且教职工也知道如何根据学生特点以及教学技能来更好地满足学生个人需求。关于第三级的工作，莱克女士表示："当我们注意到学生学习存在差距时，我们不再感到困惑，因为我们清楚他们的差距在哪以及如何缩小差距。"

结论

在数据驱动式教学模型第三级，领导者重点关注建设有保障的可行课程。这种关注直接解决了理查德在导语中描述的六个关键问题中的第一个问题：我们想让学生学会什么？这一级包括六个领先指标。对于一所学校来说，要想宣布自己在第三级具有高度可靠性，领导者必须确定每个领先指标的滞后指标，并制定明确的成功标准。即使学校达到成功标准，仍须继续收集快速数据，以监督学校在六个指标上表现的变化，并做出应对。

CHAPTER

5

我们如何知道学生是否在学习

数据驱动式教学模型的第一级至第三级是工作中不可缺少的一部分，学校必须参与其中。实际上，第一级、第二级和第三级的领先指标代表了每所学校要想高效运作，就必须持续关注的问题。第四、第五级是变革体系。第四级的主要变革是学校从整体视角向学生个人视角转变。当然，第一级、第二级和第三级也对学生个人有一些关注，但在第四级，学生个人是数据收集和汇报的重点。

第四级直接解决了理查德在导语中阐述的六个关键问题中的问题2：我们如何知道学生是否在学习？同时也解决了问题3：当学生不学习的时候，我们该如何应对？如前所述，数据驱动式教学模型的第四级主要针对学生个人解答上述问题，方法就是标准参照汇报。

在标准参照汇报这一层级中，学校关注并实施哈蒂（Hattie）所确定的195个变量中排名最高和排名第三的变量，这些变量都与成绩相关，即教师对学生成绩和学生自我汇报成绩的评估。这两者都需要在学生个人层面进行汇报。

数据驱动式教学模型的第四级有两项领先指标：

4.1 学校制定明确、可衡量的目标，目标侧重于提高学生个人成绩的关键需求。

4.2 学校分析、解释和利用数据来定期监测学生个人达成目标的进展情况。

领先指标4.1　学校制定明确、可衡量的目标，目标侧重于提高学生个人成绩的关键需求

正如我们所描述的，标准参照体系的核心是关注学生个人。同时需要注意，领先指标4.1的核心是学生状况和学生发展。“状况”指学生当前的成绩水平。“发展”指学生当前状况与初始状况之间的差异。尽管区分学生状况和学生发展似乎是一个简单易懂的概念，但是如果学校不将学生的学习目标明确为熟练度量表，就很难将其付诸实施。表5.1是一个熟练度量表样本。

大量资料表明了熟练度量表的属性和作用。简言之，熟练度量表说明了人们对具体主题的理解以及对技能的期望水平，我们将其称为测量主题。学区教育领导者应该为各学科和年级水平的课程制定熟练度量表。我们还建议量表数量在12至35个。教师应该利用这些量表跟进每个学生的初始状况与当前状况。

教师可以在状况报告中汇报信息，如表5.2所示，每个条形图的深色部分代表学生在某一具体主题上的初始状况，条形图的浅色部分代表学生的最终状况。因此，浅色部分表明了学生在熟练度量表上的进步，量表由图表来表示。这类报告可以是也应该是对传统成绩单的补充。协作团队也可以将报告作为数据源，监测学生状况和发展情况。

教师可以利用加权或未加权平均数来综合学生各个主题的最终分数。

表5.1　关于“风化和侵蚀”的4级量表

分数	内容
分数4.0	学生研究造成风化和侵蚀的解决方案（例如，调查当地溪流的侵蚀速率，确定人类活动如何影响侵蚀速率，并实施解决方案以减少人类活动所造成的影响，诸如在溪流岸边种植植被或在区域内固定路径）
分数3.5	除了3.0分的成绩外，学生在4.0分内容上也取得了部分成功
分数3.0	学生能够确定造成风化和侵蚀的因素（例如，解释水、冰、风和植被如何导致风化和侵蚀，以及确定加剧风化与侵蚀的影响和速率的因素）
分数2.5	学生在2.0分内容上没有大的错漏，并且在3.0分内容上取得部分成功
分数2.0	学生能够辨别或回想起具体的词汇（例如，侵蚀、沉积物、水、风化和风），并实施基本流程，例如： • 解释风化和侵蚀之间的差异（风化使岩石和矿物分解成小碎片，而侵蚀使小碎片从一处移至另一处） • 查明风化原因（例如，降水、冰、风、酸雨、水和植被） • 查明侵蚀原因（例如，风、水、重力、雪和冰） • 比较风化和侵蚀随时间的影响（例如，如果每天观察，河流似乎并不会引起侵蚀，但在很长的时间内，它却会形成峡谷） • 阐释侵蚀如何导致风化沉积物的沉淀
分数1.5	学生在2.0分内容上取得了部分成功，但在3.0分内容上有大的错漏
分数1.0	在别人的帮助下，学生在2.0分内容上和3.0分内容上取得部分成功
分数0.5	在别人的帮助下，学生在2.0分内容上取得部分成功，但在3.0分内容上没有取得成功
分数0.0	在别人的帮助下，学生也一无所获

然后利用转换量表把平均数转换为传统的总体分数，例如：

- A＝3.00至4.00
- B＝2.50至2.99
- C＝2.00至2.49
- D＝1.00至1.99
- F＝低于1.00

状况报告的章程为学生、教师、管理人员和家长提供了大量信息。学校领导可以利用这一章程，确保有保障的可行课程（数据驱动式教学模型的第三级）的进程变得集中且高度透明。

表5.2 学生状况报告样本

语言艺术学科	
阅读能力：	
识字与词汇	2.5
要旨阅读	1.5
文学分析	2.0
写作能力：	
语言制约	3.5
组织和重心	2.5
研究和技术	1.0
评估和修正	2.5
写作技巧运用	3.0
听说能力：	
阅读	3.0
组织和演说	3.0
口头媒体分析和评估	2.5
说话技巧应用	2.5
生活技能：	
参与度	4.0
工作完成度	3.5
行为	3.5
团队合作	3.0
语言艺术学科平均值	**2.46**

为了提高学生个人的学业成绩，校领导制定了明确的、可衡量的目标

来评估学生进展情况，并在学生达到目标后予以庆贺。当校领导将这些目标作为图5.1中勾画目标制定进程中的一环时，目标制定效果最佳。制定目标和形成计划是领先指标4.1的一部分，而监测进展和评估学生是否取得成功是领先指标4.2的一部分。在课堂上，两者并不是割裂的状态；相反，它们是一个不断循环流动的过程。

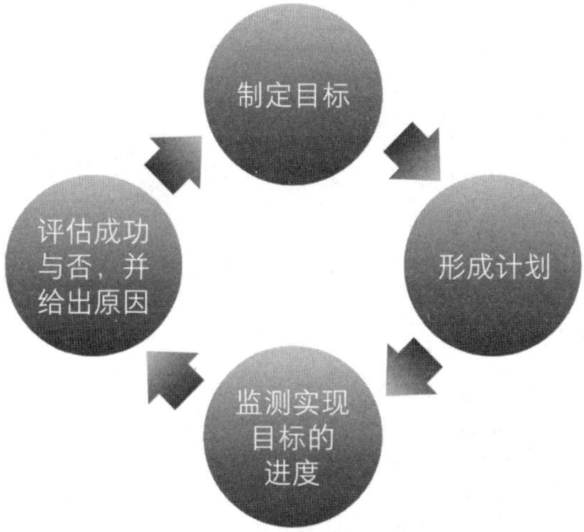

图5.1　目标制定进程

学生参与目标制定进程十分重要。校领导应当明确期望教职工协助学生制定目标、形成计划、监测进展和评估成功，但他们也需要让教职工创新，为学生个人寻找实现目标的最佳方法。有时候，简单的解决方案却十分奏效。例如，在休息日小学的一些教室里，学生在学习课程时可以简单地在便利贴上写下个人目标。

在休息日小学的其他教室里，学生们利用模板制定目标和形成计划，如表5.3所示。学生们先把自己的预考分数记录下来，然后制定目标、形成行动计划来实现目标。这些目标和计划都被记录在资料夹或数据笔记本中，学生可以利用它们来协助自己制定整个学年的目标。

表5.3 “文学作品心得与信息文本写作”的计划模板

第4级	我可以做到超乎预期
第3级	我可以写文学作品心得与信息文本。我写的心得可以全面解答问题，而且心得里面还至少有两个细节来佐证我的回答。我可以用正确的大写字母和标点符号写出完整的句子
第2级	如果给我一个结构图，我可以进行阅读
第1级	在别人的帮助下，我能做一些事情

我的基准线：2			我的目标：3.5			
进展如何？						
4.0	★	★	★			
3.5						
3.0	★	★	★			
2.5						
2.0	★	★	★	★	★	★
1.5						
1.0	★	★	★	★	★	★
0.5						
	尝试#1 日期：9/1	尝试#2 日期：9/10	尝试#3 日期：9/22	尝试#4 日期：	尝试#5 日期：	尝试#6 日期：

我的计划是，大家一起合作时要留意我的朋友，还要更密切地关注老师。

无论教职工如何与学生共同制定目标，他们都应该为自主权从教职工转移到学生身上不断做出努力。有保障的可行课程以及熟练度量表衍生出体系，而体系的潜在力量在于学生利用它来推进学习。正如马扎诺在《新教学艺术与科学》中指出的，“学习者头脑中的具体心理状况与过程，是有效运用教学策略与强化学生学习的中介变量”。我们也许花了很多时间，付出了很多心血、精力来设定熟练度量表，让学生制定目标、形成计划，但是学生成绩却提升很少或根本没有得到提升。如果学生仅仅是走个过场，服从教师的要求，而不是真正对工作有责任感，那么上述情况就会发生。为了避免这种情况发生，领导者应该寻找和培养以下学生行为：

- 学生可以用自己的话说明与学习目标相关的熟练度量表。
- 学生知道自己的学习目标，并能在课程涉及这些目标时加以说明。
- 学生可以说明课堂活动是怎样与他们的学习目标联系在一起的。
- 学生可以说明与学习目标相关的熟练度量表上的内容进展情况。
- 学生可以说明自己如何在与学习目标相关的熟练度量表上取得进展。
- 学生可以说明他们需要做什么，才能在与学习目标相关的熟练度量表上达到下一级。

当学校领导集中精力培养学生的这些行为时，学生的主观能动性也随之提高。上述情况出现后，学生成绩提高的可能性会显著增加。

滞后指标

学校可以让教职工协助学生至少为1门课或1门学科制定目标并形成计划，从而对领先指标4.1的滞后指标进行识别与监测。每位教职工分享3位学生的目标和行动计划的例子。这样教职工就可以了解多个与熟练度量表相一致的学生目标的例子，同时也让学校领导监测这些例子是否符合领先指标的滞后指标。

涉及领先指标4.1的一些滞后指标包括：

- 教师根据每一位学生在国家评估、基准评估或共同评估中的表现，为他们制定书面目标。
- 教师根据每一位学生的知识增益为他们制定书面目标，并附有熟练度量表。

- 学生主导型的会议注重学生个人目标。

快速数据和持续改进

为了收集和分析这一指标的快速数据，学校每月至少安排一位不同的教师到各个教室询问学生学习情况。克拉克·普莱森特社区学校（Clark-Pleasant Community Schools）的教职工会问以下问题：

- 你目前在做什么或在学习什么？
- 你目前在与这次学习有关的熟练度量表上处于什么水平？
- 当你第一次开始学习这个概念或技能时，学业成绩水平如何？
- 你对这个概念或技能的目标是什么？
- 你需要学习什么和能够做什么才能达到下一水平？
- 当你达到目标时如何庆祝成功？你的老师和同学会与你一起庆祝吗？
- 你的老师如何利用课堂时间帮助你达成学习目标？
- 你在课堂上做什么来帮助你实现目标？

表单中提供有这些问题，所有教职工都可以依此迅速记录答复情况，并监测问题的总体语气和走向。这些问题可用来快速审查领先指标4.1，还可用来快速审查领先指标4.2。收集快速数据的优势在于，它可以影响围绕目标设定的学生文化。比如，当学生看到绝大部分同龄人知道自己需要做什么才能达到下一水平时，这就会变成所有学生的期望。

快速数据的其他例子包括：

- 当学生被问及时，他们可以说明目前的具体目标。
- 学生留存数据笔记本，并跟进他们在个人目标上的进展。
- 当家长被问及时，他们表示了解孩子的个人目标。

领导者责任制

这项指标的领导者责任制涉及监测是否制定了方案和做法来设定明确、可测量的目标，而且这些目标侧重于改善学生个人成绩的关键需求，以及这些方案和做法是否产生了预期效果。领导者可以使用表5.4中的量表来评估其有效性。

表5.4 领先指标4.1的评价量表

持续阶段	应用阶段	发展阶段	开始阶段	未曾尝试
学校利用快速数据源不断积累信息，以监测明确、可衡量目标的制定情况，同时侧重于改善学生个人成绩的关键需求。当快速数据可能存在问题时，学校将采取适当的干预措施	学校拟订了相应的方案和做法，确保制定明确、可衡量的目标，并侧重于改善学生个人成绩的关键需求，而且这些目标可以生成滞后指标来表明这些行动所产生的预期效果	学校拟订了相应的方案和做法，确保制定明确、可衡量的目标，并侧重于改善学生个人成绩的关键需求	学校正处于起草方案和做法的初期阶段，确保制定明确、可衡量的目标，并侧重于改善学生个人成绩的关键需求，但尚未完成	学校并不力求确保设定明确、可衡量的目标，也没有侧重于关注改善学生个人成绩的关键需求

领导者推进量表各级时遇到的挑战是：挤出时间教导学生如何设定目标，以及监测他们实现目标的进度。

当领导者认为并非所有学生都能设定目标，或者这些目标在发展过程中不适用于最年轻的学习者时，他们也会遇到困难。

还有一个共同的难题就是应对二阶变化，或者同以往有大不同的变化，这两者均涉及转变。在学校里，为每一位学生设定有意义的个人目标往往是个很新颖的想法。

领先指标4.2 学校分析、解释和利用数据来定期监测学生个人达成目标的进展情况

跟进学生进步情况是学校领导工作的一部分。他们通常使用国家测试、地区基准评估、第三方评估和跨年级共同评估的结果来监测整个学校目标的进展。领先指标4.2规定领导者将这一监测进一步推动到学生个人层面上。教师及教学楼负责人必须监测学生个人的进步情况，确保学生达到目标并取得应有的进步。

定期监测、分析和解释的最有力数据可能来自课堂评估结果。例如，表5.5为印第安纳州怀特兰小学（Whiteland Elementary School in Indiana）四年级目标跟进文件。电子表格代表了学校的每一位学生。此外，各项基本标准中设置了一栏学生基线或预评估分数，一栏代表经过重点指导后的学生成绩，还有一栏代表学生当前的成绩。教师每隔几周就会按照年级水平更新电子表格。学校的目标是确保学生在各项优先标准方面达到熟练度量表上的3.0分或更高分。这个表格还包括每位学生在语言艺术学科和数学学科达到3.0分或更高分的优先标准数量。

在这一层面上跟进数据对学生大有裨益。这些数据可以使我们很容易地根据学生自身情况、技能、对每项优先标准的当前理解程度以及他们接下来要做的事情，看出哪些学生需要干预或者加快进度。同时，这也便于教职工监测学生所学的知识、与学生个人目标相关的进展以及美国国家测试和第三方评估数据的三角分析（有关这几类数据和美国国家评估之间的相关性的进一步资料可参见第七章）。

表5.5　2017年怀特兰小学跟进学生层面数据的文档

掌握的基本知识	文学理解	口语流利	显性和隐性信息	主旨和详情	文本结构	语境线索	词汇结构要素	阅读心得与分析	信息性/说明性细节	介绍	大写	基本知识平均值
0	2	2	2.5	2	2	2	1.5	2	2	2	2.5	2.04
0	2.5	2	2.5	2	2	2	2.5	2	2	2	2	2.13
1	2.5	2	2.5	2.5	3	2.5	2.5	2	2	2	2	2.33
1	2.5	2.5	2.5	2.5	3	2.5	2.5	2.5	2.5	2.5	2.5	2.54
2	2	2	2.5	2	3	3	2.5	2	2.5	2	2.5	2.33
3	2.5	3	2	2	2	3	2	2.5	2	2	2	2.33
3	3	4	3	2	2	2	2	2	2.5	2.5	2.5	2.46
3	3	2	2	2.5	1.5	2	3	2	2.5	2.5	3	2.33
3	3	3	3	2.5	2.5	2	2	2	2	2	2	2.33
4	3	3	3	3	2	2	2	2	2	2	2	2.33
4	3	3	3	2.5	2	2	1.5	1.5	1.5	1.5	1.5	2.17
4	3	3	1.5	3	2	2.5	2	2.5	2	2	3	2.38
4	3	4	2	2.5	2	2	3	2.2	2.5	2.5	3	2.54
4	3	4	1.5	2.5	2	2	3	2	2	2	3	2.38
4	3	3	2.5	2	2	3	2.5	2.5	3	2.5	2.5	2.50
4	3	2.5	2	3.5	2	2.5	3	2.5	2.5	2.5	3	2.63
4	3	3.5	2	2.5	2	1	3	2.5	2	2	3	2.29

学校教职工监测学生个人进步十分重要，但学生对自身进步的跟进也同样重要。表5.6是休息日小学使用的学生进度跟进表例子。该表便于学生填写。当学生证明自己在具体主题方面达到量表中的具体能力水平时，他们只需在条形图的相应行中填写即可。此表是上一节领先指标4.1所述资料夹的一部分。

表5.6 “多位整数乘以一位数的整数计算”学生学习进度跟进表

第4级	学生水平达到了第3级，能够列举并解决一个实际问题，而且解决过程中还能够创设一个一位数乘四位数的问题。然后学生必须回答此数学问题，并解释他们是如何得到答案的
第3级	学生可以用一个四位数的整数乘以一位数的整数，并能解释自己是如何做到的
第2级	学生能正确地将一位数的整数乘以两位数的整数
第1级	在别人的帮助下，学生可以正确地将一位数的整数乘以两位数的整数

4	★	★	★	★	★	★
3.5						
3	★	★	★	★	★	★
2.5						
2	★	★	★	★	★	★
1.5						
1	★	★	★	★	★	★
0.5						
	尝试#1 日期：8/2/16	尝试#2 日期：9/5/16	尝试#3 日期：9/3/16	尝试#4 日期：11/18/16	尝试#5 日期：	尝试#6 日期：

当学校最初开始让学生制定目标、形成计划、监测进度以及评价成功与否时，这些任务看起来有些刻板是正常的。但是，并非所有学生都能自然而然地监测自己的进展。教师必须教会学生这个过程。当学生逐渐熟悉

了这个过程，看到了这个过程对学生个人的价值时，他们就开始拥有更多的自主权。为了使学生个人在领先指标中取得成功的可能性最大化，领导者应当寻找并培养以下学生行为：

- 学生跟进自己的进步情况，并在熟练度量表上更新状况。
- 学生在达到目标时会表现出自豪感。
- 学生在目标上取得进展或者达到目标时，他们会参与并享受庆祝活动。

在一些情况下，领导者必须处理成绩单上出现的问题，尤其是如果他们希望成绩单同时解决学生状况，又能解决发展问题的话。典型的成绩单上仅有一份综合成绩，这根本不够用。相反，类似于表5.2的条形图中总是会附带着成绩单上的综合成绩。这些条形图可以是每张成绩单的实际组成部分，也可以是成绩补充报告单的组成部分。

滞后指标

学校可让教职工协助学生识别和监测领先指标4.2的滞后指标，以便全部学生都可以监测目标的进展，并评估他们是否在至少1门课或1门学科上达到目标。每位教职工都会在每学期分享、讨论三位学生的进展实例。他们这样做是为了让教师看到他们的同事是如何跟进学生进步，并针对学生进步与同事进行交流的。

涉及领先指标4.2的其他滞后指标包括：

- 通过报告、图形、图表、数据墙或数据板展示学生个人成绩。
- 教师定期报告，并使用多种类型的评估结果（例如，基准评估和共同评估）。
- 学校明确规定了分析学生个人成绩数据的方案或制度。

快速数据和持续改进

为了收集和分析这一指标的快速数据，学校可以建立数据墙，强调学生达到熟练度的优先标准数量。此外，当学生的水平达到其他优先标准的熟练度时，学校可以每月将学生目前的学习水平标注在数据墙上。

快速数据的其他例子包括：

- 通过报告、图形、图表、数据墙或数据板展示学生个人成绩。
- 教师定期报告，并使用多种类型的评估结果（例如，基准评估和共同评估）。
- 学校明确规定了分析学生个人成绩数据的方案或制度。

领导者责任制

这项指标的领导者责任制涉及监测是否制定了用于数据分析和监测学生个人成绩目标进展的方案和做法，以及这些方案和做法是否产生了预期

表5.7 领先指标4.2的评价量表

持续阶段	应用阶段	发展阶段	开始阶段	未曾尝试
学校利用快速数据源不断积累信息，以监测数据分析，并利用数据定期监测学生个人成绩的目标进展。当快速数据可能存在问题时，学校将采取适当的干预措施	学校拟定了相应的方案和做法，确保能够对数据进行分析，并利用数据监测学生个人成绩的目标进展。此外，数据还可以生成滞后指标来表明这些行动所产生的预期效果	学校拟定了相应的方案和做法，确保能够对数据进行分析，并利用数据监测学生个人成绩的目标进展	学校正处于起草方案和做法的初期阶段，确保对数据进行分析，并利用数据定期监测学生个人成绩的目标进展，但是这一阶段尚未完成	学校并不力求确保能够对数据进行分析，或利用数据来定期监测学生个人成绩的目标进展

效果。领导者可以使用表5.7中的量表来评估其有效性。

领导者推进量表上的各个层级时遇到的挑战在于，为每门课程的每项优先标准建立体系并收集学生个人数据。要想做到这些，就需要建设一个能够在高度细化的级别上存档海量数据的基础设施。此外，将数据的重点从外部评估转移到符合熟练度量表的教师创建的评估也是一个挑战。最后，有些领导也许不明白为什么跟进和解释每位学生的进展对反馈和学习那么重要，这同样是个挑战。

第四级转变

数据驱动式教学模型的第四级涉及进行评估、记录和报告的方式，从而确保每个学生都能随时了解自己在具体学习主题上的当前状况和发展水平。在这一级别上，分数、学期成绩单以及其他的成绩单等备受瞩目的话题可能会出现较大变化。尽管这些变化在某些情况下可能会构成挑战，但是却能取得相当显著的积极成果，如下所示。

格罗夫谷小学校长凯莉·福特–麦考伊（Kelly Faught–McCoy）分享了本学校实施数据驱动式教学模型第四级的积极成果：

"在实施标准参照的分级和汇报后，我们发现学生实现目标的成功率得到了稳步提升。在我国最新国家统一考试成绩中，我校学生的阅读和数学水平整体提高了2%至9%，这说明我们走的是正确道路。"

格罗夫谷小学也被认为是俄克拉何马州的一流公立学校之一，并在2017年秋季被认定为国家蓝带学校（Blue Ribbon School）。

在休息日小学，特瑞纳·莱克看到，由于其学校采用了熟练度量表，学生的努力程度出现了转变。关于学校在第四级所做的工作，莱克表示：

“探讨学习期望以及目标制定有助于教职工和学生集中精力奔赴下一个成功。这将我们的注意力由固定型思维模式转向成长型思维模式。当学生知道自己要做什么时，他们会更加努力地达到下一水平。增加学生目标制定的内容，会使学生在学习中获得更多的自豪感和成就感。学生通过定期寄往家里的资料夹来跟进自身进步情况，并且将学习情况、进步方法与家长共享。”

印第安纳州富兰克林克拉克小学的校长珍妮·贝克（Jenni Baker）认为，学校教职工在第四级所做的工作提高了他们对学生需求的认识。关于数据驱动式教学模型，贝克表示：

“多年来，我们已经采用过各种学校改进模式，但数据驱动式教学与以往的模式不同，它绝对不是一个束之高阁的模式。教职工在这一过程中发挥了积极作用。由于教师在第四级做了许多工作，因此他们对每个概念和技能的学习进度有了更好的理解，这使他们有能力创建教学和评估，提高学生的学习能力。教师踊跃参与数据收集有助于跟进学生在目标上的进展情况，提供必要的干预方向，并为学生庆祝学业成功。我们在熟练度量表上所做的工作会使得更多的学生有机会获得高于年级水平的技能。”

怀特兰小学的克里斯滕·刘易斯发现，由于教师在第四级所做的工作，教师之间的合作也有所增加。她指出：

“教师推动了基本知识的选择和熟练度量表的制定。在日常实施熟练度量表和相关评估方面，教师是专家。以前，整个学区的教师合作并不存在。现在，教师们在学校共享评估结果，根据自己的学校团队和学生的需要做出调整。此外，各校在评估实践中达成新的一致性。熟练度量表明确了技能的熟练程度和掌握程度。在专业学习共同体的协作时间中，教师的会话聚焦于优质的教学策略，而非仅仅关注学生数据。”

结论

数据驱动式教学模型第四级的领导力侧重于标准参照汇报。这一级解决了六个关键问题中的问题2：我们如何知道学生是否在学习？同时也解决了问题3：学生不学习的时候我们将如何应对？这一级有两项领先指标。要让一所学校声称自己比第四级更具有高度可靠性，领导者必须为每项领先指标设定滞后指标，并且要有明确的成功标准。即使学校达到了这些标准，仍应不断搜集快速数据，以监测和应对这两项指标的运行变化。

CHAPTER

6

我们如何拓展学生的学习

数据驱动式教学模型的第五级直接解决了六个关键问题中的问题4：对于达到精通水平的学生，我们该如何拓展他们的学习？在我们看来，高第五级纯粹基于水平进行分级。尽管第五级与第四级有相似之处，但这两级之间存在一些明显的差异，需要有具体的领导措施才能过渡到第五级。

从本质上讲，第五级为学生学习提供了最高级别的可靠性。在第四级标准参照汇报中，学生根据学习时间（通常在学期或学年结束时）进入下一年级水平或下一课程。在标准参照体系中，即使学生并没有精确掌握现行年级水平的全部优先标准也能升入下一年级水平。然而，第五级并非如此。第五级是能力本位体系，学生只有证明自己达到现行年级水平上各项优先标准的熟练度后，才能升入下一年级水平。在标准参照体系中，学生不能学习高于年级水平的内容。在能力本位体系中，学生可以在任何年级水平学习自己想学的内容。这就意味着有些学生可能比同龄人进步更快。

许多学校已经采纳了能力本位实践。例如，学生提前学完高中数学的全部课程之后可以继续学习大学数学课程。大多数学校把握住了能力本位实践这个机遇。在小学也可以看到类似情况，学校为学习水平高于年级水平的学生开设了高级阅读团队或课程。这些举措都能让学生根据自己的学习能力和表现出的能力水平来进行下一步学习，而不是依靠入学时间来进入下一步学习。

我们在探讨第五级领先指标时研究了策略问题，即学校可以在体系内实施能力本位的机会。尽管这种转型需要很大的改变，但学校领导可以选择为具体的内容领域指定能力本位路径，来逐渐向能力本位方法转变，而不是立即全面转向各课程领域的能力本位体系。

校领导也应该考虑直接步入第五级的能力本位体系，不必实施第四级的标准参照汇报体系。但是，第四级的一些关键内容对第五级的正常运行必不可少。在第四级中，最重要的是为优先标准制定熟练度量表，而量表为全校学生的能力设定清晰、一致的愿景。另一个重要内容是跟进学生个人状况和发展情况，以及设定目标。最后，牢记第一级、第二级和第三级必须为第四级和第五级提供坚实的基础，这至关重要。安全、支持和协作的文化（第一级）是基石。课堂上的有效教学（第二级）提供了获得优质教学的平等机会。有保障的可行课程（第三级）提供了获得优先标准的平等机会。

熟练度量表对高可靠性学校的正常运行十分必要。量表告知学生需要做什么工作来证明熟练度，并且让学生更加清楚自身发展相对于具体标准所处的位置。此外，量表可以引领能力本位评估的开展，让学生通过特定年级水平或课程标准来证明自己的能力。

校领导在实行能力本位体系时必须确保教师以一致的方式评估学生能力，并且对学生的期望值保持一致。鉴于此，校领导可以在评估库中收集常见的评估任务，为师生提供多种关于如何证明能力的一致的机会和想法。领导者应该将常见的评估机会建立在熟练度量表的基础上。

在处理写作等程序性知识的标准方面，学生的作业集可以展现各项技能的进展情况和熟练度。学生通过汇编作业集来表明，他们对于程序性知识的掌握水平已经达到所期望的熟练程度。学生可通过口头陈述的方式呈现不同水平的作业集，并向教职工委员会提出自己的学习问题，这种做法较为适当。大学采用这种做法授予硕士学位，而且此做法在能力本位体系中具有很大的潜力，尤其在中学阶段。能力本位教学模式的实质就是让口头陈述与述评相对于传统体系的评估方式更具有可行性。

数据驱动式教学模型的第五级有三项领先指标：

5.1 任何学科的学生只有证明自己在上一阶段的能力之后，方可进入下一阶段学习课程。

5.2 学校的日程表根据学生情况和学生需求调整进度。

5.3 对于那些证明自己的能力水平高于系统规定的能力水平的学生，学校会即刻让他们开始学习高级内容或从事感兴趣的职业道路。

领先指标5.1 任何学科的学生只有证明自己在上一阶段的能力之后，方可进入下一阶段学习课程

这一领先指标意味着，学生只有证明自己掌握所有的优先标准后，才能步入下一课程阶段。这也意味着，如果学生在所有必要标准中证明了自己的能力，他们可以更快地步入下一阶段。为了做到这一点，课堂教学实践无论看起来还是听起来，都要不同于传统的课堂教学实践。

在传统课堂上，教师主要以全班授课的方式来传授知识，很少提供团队学习或个性化学习的机会。在能力本位课堂上，教师颠倒了两种行为发生的频率，教师很少进行全班教学，而往往采用一些方法来促进学生学习。重要的能力本位教学实践包括小班授课、个性化教学和个性化学习。在能力本位课堂上，教师的作用不是展示知识，而是作为引领者，帮助学

生攀登知识的高峰。这就强调了熟练度量表的必要性，学生可以将其作为学习进度指南。

在能力本位体系中，量表应该涉及学习资源，学生可以利用资源来帮助他们实行具体标准的个性化学习方法。表6.1是熟练度量表的示例，量表中含有资源菜单，学生在参与个性化学习机会时可以从中选择。学习进度标准和学习进度水平在量表左侧，与具体学习水平相关的学习资源在量表右侧。

我们在第五章中提到了一个量表（见表5.1），它解决了表6.1左侧的问题。熟练度量表旨在对课堂评估进行设计并打分。也就是说，教师使用熟练度量表建立评估并进行打分。我们在表6.1的右侧添加了一栏，列出了学生可以利用的资源。这些资源大部分都在网上，学生可以自行查阅使用。这些资源对能力本位教育至关重要——因为学生不必等待教师的指导或者许可就可以自行学习。

在表6.1中，我们仅仅提供了分值2.0、3.0和4.0的资源，因为这三项分值明确陈述了学术内容。量表中的其他分值代表分值2.0、3.0和4.0内容的部分信息。这也是表6.1没有记录低于2.0分值的原因——它们没有具体的相关内容。

教师可以借助技术来加强能力本位教学，技术能够创造混合式学习机会。学习进度较快的学生和需要重温学习内容的学生都可以从混合式学习中获益。尽管混合式学习有多种选择，但翻转课堂这一想法非常适合能力本位教学。

正在考虑向能力本位体系过渡的领导可能想让教师录制课程视频，并将视频存档以用于能力本位计划。在向能力本位体系过渡的初期，直接归档教学课程为教师们提供了重要而高效的手段，便于其在过渡期全面发展时使用。同样，这些视频将成为学生可以独立访问的一部分内容。此外，

表6.1 关于个性化学习的熟练度量表示例

<table>
<tr><th colspan="4">评测知识点：早期民主文件（第十级）</th></tr>
<tr><td>4分</td><td colspan="2" rowspan="2">除了3.0分的内容外，学生还能够进行超出所学内容的深入推理和应用</td><td>学习资源</td></tr>
<tr><td></td><td>学生生成性评估选择表格或菜单</td></tr>
<tr><td></td><td>3.5分</td><td>除了3.0分的内容外，学生还能够进行深入推理和应用，并取得部分成功</td><td></td></tr>
<tr><td>3分</td><td colspan="2">学生能够解释以下概念：
• 英国《大宪章》
• 英国《权利法案》
• 美国《独立宣言》
• 美国《权利法案》
• 学生没有表现出大的错漏</td><td>• 美国国家档案馆网站
• 美国国会图书馆网站
• 美国历史频道《民主文件》第1、2集
• 翻转课堂的视频课程和图片
• 通过预约或征求进行的团队指导课程</td></tr>
<tr><td></td><td>2.5分</td><td>学生在2.0分的内容上没有大的错漏，并且在3.0分内容上有些许了解</td><td></td></tr>
<tr><td>2分</td><td colspan="2">学生在相对简单的细节和流程方面没有大的错漏，诸如：
• 识别、回忆具体术语
· 君主立宪制
· 君主专制
· 民权
· 光荣革命
· 约翰·洛克
• 实施基本流程
· 回顾有关英国《大宪章》、英国《权利法案》、美国《独立宣言》和美国《权利法案》概念的事实陈述</td><td>• 翻转课堂词汇课和词汇日志
• 美国历史教科书
• 文献：来自美国国家档案馆的100份大事记文献</td></tr>
</table>

如果一名教师离开了学校，学校仍然可以使用这些存档的视频课程。理想情况下，学校应该尝试针对存档视频中涵盖的各个主题，积攒多个视频课程，这样学生就可以选择观看一个视频，或观看几个不同的教师教授同一主题。在多位教师教授同一主题的学校中，获取存档的课程视频集只需对

视频录制和存档系统进行规划即可。

滞后指标

学校可以让学生使用简单的条形图来跟进自己在每个标准上的进展情况，从而确定和监测领先指标5.1的滞后指标。学生可以定期与教师和家长分享这个图表。

涉及领先指标5.1的其他滞后指标包括：

- 学校制定熟练度量表，明确说明学生必须在每个年级的每个标准中做到何种地步才能被视为达到熟练水平。
- 学校制定具体的评估或评估任务，以确保学生有能力达到每项标准。
- 学校建立一套关于学生能力水平的报告体系。

快速数据和持续改进

为了收集和分析这一指标的快速数据，学校可以推动进行快速考察对话，让教师和学生进行简短的一对一交流，了解学生目前在提高熟练度方面的进展水平。教师不断记录学生的能力水平，以便其定期检查，确定学生整体及个人的进展情况。

快速数据的其他例子包括:

- 学生能够说明自己在具体内容领域中的进展情况以及能力水平。
- 教师可以说明他们如何确定学生在某一年级水平或某一内容领域的具体标准方面的能力。
- 如果被问到，父母可以阐释用于汇报学生能力水平的体系。

领导者责任制

这项指标的领导者责任制涉及监测是否有方案和做法可以使学生无论在任何学科领域学习，都必须在证明自己在上一阶段表现达标后，才能学习下一阶段课程，以及这些方案和做法是否产生了预期效果。领导可以利用表6.2中的量表来评估方案和做法的有效性。

在这项指标上，领导面临的挑战是：没有明确说明学生在每门课程水平上的熟练程度。在没有明确预期值的情况下，让学生步入下一阶段的决策具有很大的主观性。

表6.2 领先指标5.1的评价量表

持续阶段	应用阶段	发展阶段	开始阶段	未曾尝试
学校利用快速数据源不断积累信息，以监测是否有系统或协议可以使学生无论在任何学科领域学习，都必须在证明自己在上一阶段表现达标后，才能学习下一阶段课程。当快速数据显示可能存在问题时，学校将采取适当的干预措施	学校拟订了相应的方案和做法，确保学生无论在任何学科领域学习，都必须在证明自己在上一阶段表现达标后，才能学习下一阶段课程，并且可以生成滞后指标来表明这些行动所产生的预期效果	学校拟订了相应的方案和做法，确保学生无论在任何学科领域学习，都必须在证明自己在上一阶段表现达标后，才能学习下一阶段课程	学校正处于起草方案和做法的初期阶段，确保学生无论在任何学科领域学习，都必须在证明自己在上一阶段表现达标后，才能学习下一阶段课程，但是这一阶段尚未完成	学校没有试图确保学生无论在任何学科领域学习，都必须在证明自己在上一阶段表现达标后，才能学习下一阶段课程

领先指标5.2 学校的日程表根据学生情况和学生需求调整进度

这一领先指标是实施能力本位体系最为困难的方面之一，因为它涉及日程表，而日程表已经深深扎根于K-12教育。但是，学校可以有很多方式来调整学生进度，混合式学习就是其中一种方式。

混合式学习是对教学活动的统称，它既包括教师面授，也包括技术所提供的教学。我们在讨论翻转课堂和列于熟练度量表右侧一栏的线上资源时，谈到了混合式学习的方方面面（参见表6.1）。混合式学习形式多样，在学校课程表的很多方面都具有灵活性。混合式学习能使学生随时接触许多高科技学习工具，并且使学生的进步速度与其学业要求和日程表需求相匹配。

在向能力本位体系转变的过程中，校领导应给予教师时间与机会，来确定网站等混合式学习应用软件符合内容标准。在这项工作中，教师可以开发基于网络的工具和网站的数字通信，供学生选择。具体的混合式学习工具由学生确定，见表6.1熟练度量表的右侧。例如，“LiveBinders”网站（www.livebinders.com）是一种工具，教师可以利用它来整合具体内容主题的网上资源。学生能够有效地查看和访问这些资源，学习相关标准或主题。网上有许多学习资源可供学生或班级使用，如“可汗学院”（www.khanacademy.org）或“数学先生”博客（www.mrmathblog.com）。

此外，开设多年级或者多课程并行的班级为能力本位学习创造了机会。在这种情况下，教师有一组特定的学生，这些学生能在一个内容领域内展现出多个年级水平或多门不同课程的能力。例如，如果一名教师有从一年级到三年级的学生，并且明确界定了各年级水平的熟练度，那么学生就可以直接学习适合自身学业需求的年级水平内容。教师可以根据学生目前的知识熟练度进行分组和重组，开展小班授课。

在中学，教师可能教授包含代数和高级代数在内的数学课，或者九、十年级的英语课。中学老师可以将学生分组和重组，以便开展不同类型的小班授课或提供同侪学习机会。

请谨记，在多年级或者多门课并行的课堂上，教师通常不会直接授课，而是以小班授课、辅助授课为主。但是，这并非意味着教师不进行直接授课。有时在课堂上，当一群学生显然已经准备好学习同一主题或同一级别的内容时，教师可能直接教授新的内容。然而，一旦学生开始使用他们掌握的不同学习工具和资源，大班授课和直接授课的需求就会减少，有时甚至完全消失。

与大多数学生合作为教师提供了另一种方式来创造能力本位学习机会。例如，设想一下，一支英语团队共同为多个学习者提供四种不同水平的英语学习。团队在日程表设定的若干时间段和情境下，与全体学生一起合作。这些时间段包括大班授课、小班授课、同学辅导，以及团队中的教师对学生进行个人辅导。此外，教师团队可以组织小组研讨会，从而使每位教师在更为传统的课堂环境中协助学生学习预设主题内容或者提高学习水平。

当教师发现特定学习者的需求有所提升时，领导应该允许团队利用大量的时间去创造学习机会。例如，教师团队可以为学生开设写作实验室，在这个过程中，教师团队会与学生进行交流、回答问题，并在学生按照对应的学习水平写作时，给予反馈。

最后，在学生准备就绪时，妥善安排学习共同内容的时间段可以让学生更容易地从一个学习阶段转入下一个学习阶段。例如，如果一所小学为所有年级都安排了一个共同的读物内容时间，那么学生就可以调换课堂来学习更高水平的阅读课。在此期间，如果学生需要针对性干预或者发展特定技能，就可以与特别关注学生技能水平的教师交流沟通。这样的时间表并不排除使用特定的干预措施或延长教学时间。实际上，这样做可以增强学校创造机会的能力，更灵活地满足学生需求。

校领导在调整能力本位学习的时间表时，应考虑综合多种策略来制定日程表，让学生以更灵活的方式来学习和进步。

滞后指标

学校可以通过建立矩阵来确定和监测领先指标5.2的滞后指标，这个矩阵显示了学校日程表中不同内容领域内学生纵向移动的固定路径。

涉及领先指标5.2的其他滞后指标包括：

- 学生档案或学生文件表明，学生个人在不同的学习水平上学习，以满足他们在具体内容领域的个人需求。
- 学校为学生提供个性化的学习机会，让他们以符合自身需求的速度进步。
- 学校根据学生的个人学习需求提供适当的干预或补救机会。

快速数据和持续改进

为了收集和分析这项指标的快速数据，学校可以利用学生家长重点团队来了解能力本位时间表和系统是如何为他们服务的。领导者会系统地回顾并总结访谈信息。

快速数据的其他例子包括：

- 教师可以说明学校日程表的编排是如何适应学生个人需求和进展的。
- 教师可以举实例说明，学生在以符合其个人需求的速度进步。
- 学生可以说明他们如何利用个性化的学习机会让自己的进步速度与自身需求相符。

领导者责任制

这项指标的领导者责任制涉及监测方案和做法是否到位，以使学校日程表能够安排学生在所有内容领域中以适应学生个人情况和需求的速度进步，以及这些方案和做法是否产生了预期效果。领导者可利用表6.3中的量表评估其有效性。

表6.3 领先指标5.2的评价量表

持续阶段	应用阶段	发展阶段	开始阶段	未曾尝试
学校利用快速数据源不断地积累信息，以监测学校日程表能够安排学生无论在任何内容领域中都以适合个人情况和需求的速度进步。当快速数据可能存在问题时，学校将采取适当的干预措施	学校拟订了相应的方案和做法，确保学校日程表能够安排学生在任何内容领域中以适合个人情况和需求的速度进步，并且可以生成滞后指标来表明这些行动所产生的预期效果	学校拟订了相应的方案和做法，确保学校日程表能够安排学生在任何内容领域中以适合个人情况和需求的速度进步	学校正处于起草方案和做法的初期阶段，确保学校日程表能够安排学生在任何内容领域中以适合个人情况和需求的速度进步，但是这一阶段尚未完成	学校不会试图确保学校日程表能够安排学生在任何内容领域中以适合个人情况和需求的速度进步

如果校领导采用了这一量表，那么他们可能面临调整日程表的挑战，以便各年级水平的数学和阅读教学都在同一时间进行。这样，校领导便于帮助学生在数学和阅读方面从一个学习阶段进入下一个学习阶段。教育工作者、父母和专业学习共同体通常把数学和阅读内容视为重中之重，因为这两者是国家测试的重点。

校领导还面临着一个挑战，即培训教师进行教学调整——从注重全班授课转向小班和个性化授课。最后，为不同内容领域提供优质、混合式的学习机会也是个棘手问题，因为它需要大量缓慢但有条不紊的发展。

领先指标5.3　对于那些证明自己的能力水平高于系统规定的能力水平的学生，学校会即刻让他们开始学习高级内容或从事感兴趣的职业

许多中学通过与职业院校同步招生的合作关系，已经制订了这项领先指标的流程。这些方案使学生接触高级内容的机会变得空前普遍，很多学生采用了这些方案。校领导可以，也应该为职业领域、实习和早期学徒培训寻求同样类型的机会。美国劳工统计局的一系列报告显示，建筑、供暖、通风、空调和制冷等技术行业在全国范围内出现了劳动力短缺现象；信息技术、网络安全、卫生技术人员亦是如此。这一数据加强了学校，特别是中学拓展教育机会的必要性。

《技能短缺：建筑和技术行业》一文指出，“危机之所以存在，是因为雇主需要‘准备好工作’的员工，而那些没有受过适当教育和培训的潜在员工根本无法弥补技术方面的不足”。如果校领导能够为学生提供路径，让他们在能力本位体系中发展职业技能和行业认证，那就能在技能短缺中创造机遇。

校领导还应该考虑为学生创造机会，使他们即便在时间上仍处于较低的年级水平，也能升读中学课程内容。当课程内容发生改变时，熟练度量表就变得极为有用，它为学生学习的顺利过渡提供了必要的通用路线图。例如，如果一名中学生能够利用课程的熟练度量表和资源开始学习，那么他就可以开始学习高中阶段的课程内容。

如果学生使用个性化的学习机会，那就不必为了这一选择而更换教

师、学校或教室。要注意，在一些情况下，物理上转移学生是一种可行之法。例如，如果初中和高中共用一个校园，学生就能轻易地在学校之间转换，学习具体内容领域的高级课程。

当小学生准备好学习更高级的内容时，通常是由一位教师在单独的一间教室内进行授课。但是，学校可以采取另一种方式：让年级协作团队定期对学生进行分组、重组。“灵活分组”是一个用来形容协作工作的术语。传统的教育体系通常会定期使用灵活分组策略，但在能力本位体系中，灵活分组更为常见。在这种方式下，教师以年级教师团队的形式工作，而不是独自管理自己的班级。这就使得团队中的教师可以专注于某一内容领域内的特定学习者群体。类似的策略非常适用于能力本位学习，如以下情景：

二年级团队有4名教师，按照每一位学生在优先标准方面的学业进展情况，他们在数学、阅读学科方面对学生进行分组和重组。团队会指定一名成员与进步快的学生一起学习，而事实上，这些学生可能会在学年结束之前就为三年级的学习做好了准备。另外三名团队成员与学生一起学习，但是这些学生需要更多的时间和练习来掌握二年级的内容。这三位教师不断对学习者进行分组、重组，以便教师能够利用简短、有针对性的小班课堂更高效地针对具体标准开展工作。成功掌握学习内容的学生只要证明自己的能力，就可以转入高级内容小组。在能力本位体系中，学生能够根据学业需求与进展情况，随时在团队内部与团队之间流动。由于整个团队在一天中的同一时刻教授知识，团队成员可以确定学生何时准备好在团队之间流动，而且很容易促成这种流动。

滞后指标

学校可以不断记录学生获得的大学学分和初始行业证书，以此确定和监测领先指标5.3的滞后指标。领导每年都应为提高学生申请和获得大学学分和行业证书的比例设定目标。

涉及领先指标5.3的其他滞后指标包括：

- 学校备有文件来解释各种高级内容的选项，学生可以访问并学习这些内容。
- 学校备有文件来解释为学生提供的有关职业道路兴趣研究的各种方案。
- 学生的个人档案展示了学生访问的高级内容或职业兴趣的选项。

快速数据和持续改进

为了收集和分析这项指标的快速数据，学校可以每月会见社区就业合伙人，这些合伙人会为学生提供早期的学徒职业见习和培训机会。会面能使学校有机会监测参与计划的学生的成功情况，并使学校从学区合伙人那里了解其如何继续为学生提供这些机会。

快速数据的其他例子包括：

- 父母可以解释学生在学习高级内容时使用的不同方案。
- 学生可以描述学校提供的职业道路兴趣研究的具体例子。
- 现有数据显示正在学习高级内容或职业道路兴趣研究的学生占比。

领导者责任制

这项指标的领导者责任制涉及监测是否有方案和做法，来使学校立即着手让那些证明自己的能力水平高于系统规定的能力水平的学生，学习更高级的内容或从事感兴趣的职业道路，以及这些方案和做法是否产生了预期效果。领导者可利用表6.4中的量表来评估其有效性。

表6.4 领先指标5.3的评价量表

持续阶段	应用阶段	发展阶段	开始阶段	未曾尝试
学校利用快速数据源不断地积累信息，以监测学校为那些证明自己的能力水平高于系统规定的能力水平的学生立即提供机会，让他们开始学习更高级的内容或从事感兴趣的职业道路。当快速数据可能存在问题时，学校将采取适当的干预措施	学校拟订了相应的方案和做法，确保学校为那些证明自己的能力水平高于系统规定的能力水平的学生立即提供机会，让他们开始学习更高级的内容或从事感兴趣的职业道路，并且可以生成滞后指标来表明这些行动所产生的预期效果	学校拟订了相应的方案和做法，确保学校为那些证明自己的能力水平高于系统规定的能力水平的学生立即提供机会，让他们开始学习更高级的内容或从事感兴趣的职业道路	学校正处于起草方案和做法的初期阶段，确保学校为那些证明自己的能力水平高于系统规定的能力水平的学生立即提供机会，让他们开始学习更高级的内容或从事感兴趣的职业道路，但是这一阶段尚未完成	学校不会试图确保为那些证明自己的能力水平高于系统规定的能力水平的学生立即提供机会，让他们开始学习更高级的内容或从事感兴趣的职业道路

领导者推进量表各级时遇到的挑战包括：在医疗保健等具体领域为学生寻求职业发展机会。职业发展机会一般数量有限，而且难以获得。

如果教职工中没有教师具有教授这些课程的资格，那么在校园内提供双学分机会的机制可能会构成结构性挑战，因为他们没有获得相关课程领域的硕士学位。

第五级转变

数据驱动式教学模型的第五级涉及学校结构的全面范式转变。它彻底改变了按年级划分学生的传统模式。学生们在每个学科领域按照现有的能力水平进行学习。此外，数据驱动式教学改变了传统模式：每个学生花费同样多的时间学习年级水平课程。相反，学生需要花尽可能多或尽可能少的时间完成课程。以下示例说明了这种改变可能造成的结果。

佛蒙特州拉特兰市拉特兰高中（Rutland High School）的校长比尔·奥尔森（Bill Olsen）注意到，他的学校教职工采纳了能力本位教育。他们所在州的立法规定：

“由于佛蒙特州（Vermont）计划到2020年实施基于熟练度的毕业制度，马扎诺研究中心向拉特兰高中提供了构建全面的课程、教学、评估和汇报基础设施的工具方法。通过明确的优先标准和熟练度量表，学生、家长和教师达成了共识。伴随着高中阶段学习持续过程的深入推进，我们发现，学生对自己掌握的知识和仍需了解的知识有了更好的理解。马扎诺研究中心帮助学生提高了学习自主权，使所有人更容易实现学校课程目标。”

对于许多学校和学区而言，数据驱动式教学模型的第五级就是摸着石头过河。但是，那些全心投入到这一模式中并且在出现问题时能坚持到底的人们已经从根本上改变了他们的体系。加州林赛联合学校（Lindsay Unified School）和科罗拉多州威斯敏斯特学区的能力本位体系非常成功。我们与林赛的校长汤姆·鲁尼（Tom Rooney）和威斯敏斯特的校长帕姆·斯旺森（Pam Swanson）的谈话表明，他们和我们都认为，能力本位教育是K-12教育的光明前景。

结论

数据驱动式教学模型第五级的领导力侧重于能力本位教育。这一级解决了六个关键问题中的问题4：对于达到精通水平的学生，我们该如何拓展他们的学习？这一级别有三项领先指标。一所学校若要宣称自己比第五级更具有可靠性，领导者就必须为每一项领先指标设定滞后指标，并且要有明确的成功标准。即使学校满足了这些成功标准，学校仍须不断地收集快速数据，以监测和处理三项指标的变化。

CHAPTER 7

我们如何在全校范围内协同工作

如第二章至第六章所示，尽管数据驱动式教学模型被认为是学校层面的框架，但是当整个学区都决定开展数据驱动式教学时，这个模式会发挥更加强大的功能。由此推断，专业学习共同体流程也是如此。如果学区领导的工作重点是将所有学校按照数据驱动式教学的模式来运作，那么学区领导应该遵循专业学习共同体流程的基本原则，不断提出六个关键问题，通过一些措辞上的修改来体现更多的观点。

作为一个学区：

1. 我们想让学生学会什么？
2. 我们如何知道学生是否在学习？
3. 当学生不学习时，我们该如何应对？
4. 对于达到精通水平的学生，我们该如何拓展他们的学习？
5. 我们如何提高教学能力？
6. 我们如何在全校范围内协同工作？

我们认为，采用数据驱动式教学模型的五个层级实际上是对第六个问题的回答。为了最大限度地促进数据驱动式教学模型的进展，继而提高学生的学习水平，学区工作人员必须有意识地平衡全学区目标和优先事项与教学楼层面的自主权。出于以下原因，这种平衡至关重要。

20世纪80年代和90年代的校本管理方法并没有能够提高学生成绩，最多只是把校本管理作为一种改进策略，但对学生成绩没有显著影响。当学区领导在职权范围内，把学校改进工作交给特定学校中的个别人员去做时，他们需要面对一个严峻的现实：一些学校的学生成绩逐年提高，而另一些学校则不然。简言之，这种方法并不能在整个学区内建设高可靠性学校。

自上而下的学校改进方法一般也不太奏效。学校层面的利益相关者必须积极地投入到改进工作中去，这样才能取得成功。正如埃尔莫所言，“内部问责必须先于外部问责，这是任何改进过程的先决条件”。通过外部压力和法令来迫使学校进步行不通，也不会行得通。此外，从长远看，这种学校改进方法往往会导致学校状况恶化。如果校本管理和自上而下的变革举措对学生成绩的提升都不能很好地发挥作用，那么解决方案是什么？

最高效的学区已经从教育改革的校本管理浪潮和失败的自上而下方法中汲取了宝贵的经验。他们转而采取了一种明确自治权的方式。在此种方式中，学区设定区级目标和不可协商事项，并监测这些目标的进展情况。例如，我们经常看到学区制定目标以提高学生成绩，缩小成绩差距。所有学校的目标相同，但在选择实现目标的策略上拥有自主权。在学区参与高可靠性学校进程时，学校会选择实施策略，而这些策略与他们正在进行的数据驱动教学学校层级的领先指标相关（我们会在后续章节提供一些例子，请参阅“确定各个级别的学区角色”一节）。此外，学区领导人可以采取一些常规措施来推动学校在高可靠性学校模式上的进展。他们可以组建协作团队，培养领导者，关注数据驱动式教学模型中的重要承诺，建立各级学区角色，并庆祝成功。

组建协作团队，培养领导者

为了加快进程，并确保对数据驱动式教学模型的长期投入，学区领导可以组建协作团队来培养领导者，并为他们提供见面和交流的时间。这种强有力的策略是专业学习共同体流程的一部分。领导者和教师一样，也是协作团队的一部分。如果一个学区真正致力于成为高可靠性学区，那就必须让所有领导聚在一起，共同探讨相关工作。教学楼行政人员不应该利用这个时间来简单地讨论与学校运营有关的事情；他们应该专门利用这段时间，关注学区内部高可靠性学校的运作。会话应侧重于数据驱动式教学模型的新型学习，以及团队审查中有用的产品和实践工作。在本书附录中，读者可以看到印第安纳州克拉克・普莱森特社区学校的校长协作团队议程的例子，在此例中，校长们自2013年以来就围绕高可靠性学校工作召开了协作团队会议。

校长协作团队在探讨数据驱动式教学模型之余，还可以协助制定每学年的学区目标和优先事项，并向各校教职工征求宝贵的反馈意见。制订学年目标与优先事项的成功与否，关键在于限制学年目标与优先事项的数目。数据驱动式教学模型为优先事项带来了许多可能性机会。但是，团队必须避免出现想要“一口吃成胖子”的错误；否则，优先事项就会丧失可行性。如前所述，团队协作在制定优先事项的过程中有助于平衡领导力或自主权。

在一个提供协作团队的学区内工作的校长们表示，如果没有协作团队，开展高可靠性学校工作将更困难、更耗时，而且完成速度更慢。当大家公开讨论各学校面临的挑战和可能的解决方案，然后反思哪些策略行之有效，哪些策略没有达到预期效果时，校长和中心办公室工作人员就可以从中学习到大量的专业知识。不同学区的协作与共享能够从更广泛、更强大的网络中利用知识和经验。

关注数据驱动式教学模型的重要承诺

在数据驱动式教学模型中，学区可以提供许多支持。但是，每个学区的情况略有不同。因此，学校如何利用数据驱动式教学模型以及各学区之间产生的共鸣将有所不同。此外，数据驱动式教学模型各级别中的领先指标在一些学校和学区可能是优势，而在另一些学校和学区则是劣势。因此，各学校和学区的优先事项自然会有所不同。但同时也明确说明，要想最大限度地取得成功，学校必须在各个级别中遵守某些重要承诺，因为这样有助于保持学校内部对该模式的一致应用。表7.1列出了我们认为领导在各个级别上必须做出的重要承诺。当各学校在数据驱动式教学模型的各级别上取得进展时，我们建议学区的工作人员重视并支持这些重要承诺。

表7.1　按级别划分的数据驱动式教学模型的重要承诺

级别	重要承诺
第一级：安全、支持、协作的文化	• 构建强有力的专业学习共同体流程。该流程涉及架构完善的协作团队，以及解决六个关键问题和三大理念
第二级：有效课堂教学	• 构建注重教师发展的评价体系： · 全面、具体 · 包含发展量表 · 认可并协助发展
第三级：有保障的可行课程	• 不断监测课程的可行性 • 制定全面词汇计划 • 在知识应用和元认知技能方面采用直接教学
第四级：标准参照汇报	• 为重要内容制定熟练度量表 • 在成绩单上，利用熟练度量表汇报学生状况和发展情况
第五级：能力本位教育	• 取消时间要求，并相应地调整报告体系

随着时间的推移，已经在实施数据驱动式教学模型方面取得成功经验的学区，会使得各个级别的重要承诺不容商量。换言之，这些承诺成为界定明确自主权方法的一部分。如果突然强化这些重要承诺，往往会使一个学区负担过重。我们建议学区在几年内一次性只达到一两个级别。这种做法有时会给整个学区带来必要的推动力，但并不会全然影响体系。表7.1（续）列出了克拉克·普莱森特社区学校的承诺清单。

表7.1（续） 按级别划分的数据驱动式教学模型的重要承诺

级别	承诺事项（简洁版）
第一级：安全、支持、协作的文化	• 我们将拥有一个安全和给予支持的学校环境 • 我们将拥有一个井然有序的学校环境 • 每个人作为协作团队的一员参与其中，并认同专业学习共同体的六个关键问题，其中包括系统观察数据，以及不断复习全部基础知识
第二级：有效课堂教学	• 每所学校都有明确的授课语言 • 每位教职工年年自评，并制定教学成长目标 • 每位教职工都有机会了解有效教学，例如：每年至少参加两轮教学
第三级：有保障的可行课程	• 我们采纳学生学习高层次课程的想法 • 我们给予学生更多的时间和帮助 • 我们知道每一门课或年级的基础知识 • 我们将评估与基础知识相结合 • 教职工确保他们有足够的时间教授基础知识，并使学生熟练掌握这些知识 • 我们创建并运用全面词汇计划 • 在知识应用和元认知技能方面采用直接教学（21世纪技能——仅适用于2015–2016年K–5年级）
第四级：标准参照汇报	• 我们把每一个基础知识分解成一个学习过程（例如，完成K–7年级的课程后，继续学习8–12年级的课程） • 学生进度报告反映了学生发展情况和基础知识的掌握情况（例如，完成K–7年级的课程后，继续学习8–12年级的课程）
第五级：能力本位教育	• 关于能力本位教育为何物的讨论仍在进行中

确定各个级别的学区角色

数据驱动式教学模型的五个级别代表着学区领导采取的具体行动。在此，我们将数据驱动式教学模型各个级别都纳入考虑范围，阐述学区教职工应该了解和开展的具体项目，以帮助学校成为高可靠性学校。

第一级：安全、支持和协作的文化

在各学区，力求确保安全、支持和协作的文化将获得强有力的支持。就学区而言，第一级最为重要，该级的不可协商事项是确保全体教职工都参与到协作团队中，并在日程表中安排时间，以便在课程、指导和评估方面进行协作。学区有很多方法可以做到这一点。一种常见的做法是，每周有一天延迟或者提前开课。这样教师就有专门的时间进行协作和集体探究。还有一些其他的常见方法可以获得协作时间，比如：共同规划或准备时间、课前时间或课后时间。每个学区的需求解决之道并不像确保它解决需求那样重要。独自完成这一任务对学校来说是个难题，因此，理想情况是，学区教职工挺身而出，帮助完成这项任务。

在保证具有协作时间的同时，学区也可通过完成校园安全审查方式为学校安全工作提供辅助支持。完成学校安全审查的所需资源往往超出学校个体所能提供的范围，这可能包括开展审查所需的时间、做好审查所具备的专业知识，以及对应包含知识的了解。此外，不允许教学楼的员工主导整个流程有助于确保从不同的视角看待整个流程。在日常生活中，学校工作人员容易忽视外人可能注意到的问题。

第二级：有效课堂教学

重要承诺和第一级开始为第二级的工作提供学区上的支持，包括确保学区建立专注于培养优秀教师的评估体系。要达到这一目的，评估体系必须聚焦于有效教学，必须明确何为有效教学。许多学区把这一体系作为一种教学共识，以此描述和探讨优秀教学。

一般情况下，学区会建立全区性通用语言。如果一个学区决定以这种方式发展，而不是让每所学校自行选择教学模式，那么，让所有学校和各团队的利益相关者参与讨论和决定模式的具体内容就显得至关重要。否则，他们就只是大致采用这种模式。一种通用的教学模式无法保证让每间教室都能实现高质量教学，在这个过程中，教育工作者必须迈出关键的第一步。

学区一旦确立了全区性教学模式，便可能在重要领域提供支持，确保全体教职工都有机会观摩并探讨有效教学。这一点可以通过录像课程、教学圈和教学评审等多种方式来实现。凡此种种，均需投入资源。

录像课程

各学区可以帮助搜集录像课程来处理教学模式中包含的内容，或者至少建立一个结构，共享各个学校在学区内搜集的录像。对于每所学校而言，单独寻找录像课程或者仅为教职工录课的效率并不高。当一个学区的所有学校都参与到共享过程中，并且这个学区已经建立了共享的结构时，观摩和探讨有效教学示例所需的时间和精力将大幅减少。

教学圈

我们大力提倡实行“教学圈”。学校实施“教学圈”，规定教职工在没有授课任务的上学日放弃自己宝贵的时间，或者要求他们参与“教学圈”时找其他教师代课。学区级扶持包括为代课教师发放补助，以使教职工参与“教学圈”。学校通常一天聘请三到四名代课教师，全天轮流到几个教室上课，同时，每次让三到四名教师参与“教学圈”。为了使这种方法奏效，学校必须拨付财政资源。

教学评审

学区还可以决定支持学校进行教学评审。这些评审包括对观察分数或录像课程分数、学生调查分数和教师自评分数的数据进行三角分析。一般情况下，这并不涉及任何的评价等级。实际上，评审的主要目的并非评价。更确切地说，它是为了让协作团队了解自己的优势与发展机会。

如果学区想要减轻教师的负担，可在全区性教学模式下培训由全区观察员组成的评分小组。我们会建议他们一起来看录像课程并评分，再就所得分数展开讨论，最后以观察小组的形式来评判分数。小组一旦完成了这些工作并准备妥当，学校便可在教学评审中安排观察环节，择日进行评审。通常，学区的校长会了解并协调当天的活动，为每位观察员制定观察课堂时间表，并协助学区教职工组织工作。观察小组按预定日期到校。小组成员只需进入指定的教室，为观看的录像课程打分即可。

完成评分后，学区的工作人员汇总结果，为学校生成一份报告。报告内容包含在教学模式方面进行学生调查所获取的优势和发展机会、教职工对教学模式的自我评分以及当日观察。这类方法无需教师做任何额外的工作。事实上，很多时候他们连观察员的到来都不知道。教学评审能给学校团队创造非常有价值的信息。

第三级：有保障的可行课程

学区支持可以大大提升第三级成功的可能性。从学区的角度来看，第三级中的不可协商事项包括：制定有保障的可行课程，制定有保障的词汇表和教授术语的流程，为学生成绩设定全区性目标，确保各学区学生能够在必要时获得更多的时间和支持，以及检查已建立的有保障的可行课程与州评估和国家评估之间的关联性。

有保障的可行课程这一概念非常简单。所有学生都必须能学习重要内容，教师也需要必要的时间来有效地教授这些内容。虽然从概念上简单易懂，但出于种种原因，制定有保障的可行课程可能对学区而言存在困难。

首先，在过去，许多学校和学区的教师拥有充分的自主权，能够在教学大纲中强调他们想要强调的任何内容。每次均由一位教师来做决定，班级之间没有一致性。若要强化这一点，并要求教职工达成共识，就需要把一部分个人自主权让渡给整个团队。但是，并不是每个教师都觉得这样做很容易。

其次，课堂上的授课内容和授课范围往往众说纷纭。关于授课内容的讨论如火如荼。如果教师没有用一个合理的标准来确定标准文件中的重要概念，那么围绕授课内容和授课范围所展开的激烈辩论将迅速进入一个尴尬的局面。

再次，一些教职工已经习惯于固有的思维方式。在这种思维方式中，教师草草地把课程讲完，企图做到面面俱到。根据我们的经验，这通常来自一种观点，即在标准化考试中，教师所讲内容能够包含所有标准，因此在教学过程中应该平等地教授这些标准。要求持有这种观点的教职工优先考虑标准，并将其作为制定有保障的可行课程的一部分，会使其担心，如果他们同意这种做法并向前推进，学生就会在标准化评估中表现不佳。

但是，学校可以克服这些挑战。在学区领导的支持和指导下，这个过程会变得更加容易。我们建议，学区领导组织教师团队为每门课程和每一年级制定具有保证性的课程。这些团队应该由全学区的教师代表小组组成。在开始确定基本内容时，团队可以听取同事的意见和反馈。他们还可以把具有保证性的课程大纲交给学校同事，以获得更多的反馈，然后再做最后的决定。在学区组织这种流程时，可以让利益相关者提供意见。此外，这也确保了有保证性的课程在全学区具有一致性。学区可采用相同的流程来确定每门课及年级水平的保证性词汇。

各学区还要率先对学生成绩设定全区性目标。理想情况下，这些目标不仅代表各内容领域的总体表现目标，而且还代表消除学区内存在的任何成绩差距的具体目标。学区目标一经制定，每个学区都可以以此为导向，确定自己学生的成绩目标。此外，学区教职工还须承担起监测上述目标的进展情况，以及实现目标后庆祝成功的责任。

确保全体学生在必要时能够获得额外的时间和支持一定是教学楼层面的工作。当学区认真对待这一问题时，就需要制定学区层面的期望值。但是，学校会发现这项任务具有挑战性。提供课外辅导或是延长学习时间的机会可能取决于资源的增加，但并不是所有学校都有能力增加这些必要的资源。

一些学校和学区必须在上课日抽出时间。许多中学都设有“空堂”，在这段时间里学生可以获得他们需要的帮助。小学通常会在整个年级的主课程表中安排具体时间，以便在必要时进行干预，或者在学生了解相关知识后进行拓展。学区教职工可以为学校提供相应范例，帮助学校寻找创新性的方法来调整时间、解决问题，并确保每个学校都有时间。所有这些努力都使时间成为一种变量，反过来又把重点转移到学生学习上。

最后，学区领导要确认，已确定并实施的有保障的可行课程与州评估和国家评估相关联。他们通过汇编每个学生达到熟练度的优先标准数量，并且进行简单的关联分析，就可以很容易地做到这一点。教学负责人通常没有知识或合适的统计软件来独自完成这项工作。但是，即使学区无法进行关联分析，他们也可以通过目测来查看数据是否合格。

例如，根据学生达到熟练度的优先标准数量，表7.2和表7.3分别显示了2015年和2016年克拉克·普莱森特社区学校在印第安纳州通过州测试的学生百分比。在不进行任何统计测试的情况下，只需查看数据便可以清楚地发现，一般来说，当学生可以在更多的优先标准上达到熟练度时，他们通过州评估的机会就更大。这两个表格都强调了这一点。

表7.2　通过2015年州测试的学生中，在优先标准上达到熟练度的学生比例

学生达到熟练度的优先标准数量	三年级语言艺术通过率	三年级数学通过率	四年级语言艺术通过率	四年级数学通过率
0	0.0	0.0	0.0	0.0
1	11.1	0.0	12.5	0.0
2	14.3	0.0	25.0	0.0
3	23.1	0.0	57.1	0.0
4	45.0	0.0	20.0	9.1
5	77.8	23.1	40.0	0.0
6	70.6	20.7	52.0	20.0
7	62.2	41.7	65.2	33.3
8	75.0	51.7	73.1	16.7
9	94.4	75.9	66.7	48.3
10	96.8	48.3	88.4	42.9
11	98.3	80.0	81.5	58.3
12	98.3	84.1	94.9	56.0
13		95.6		72.7
14				82.1
15				96.0
16				97.4
关联度	0.95	0.95	0.94	0.96

在表7.2中，没有掌握优先标准的学生均未通过州测试。相反，在掌握所有优先标准的学生中，至少有94.9%的学生通过了州测试。除了2015年的数据之外，连续数年（2015年和2016年）均发现学生掌握优先标准的数量与州测试的熟练率呈显著的正相关关系。1.0的关联度最佳。这意味

着，考试成绩的差异都可以用学生达到熟练度在优先标准数量上的差异加以解释。0.9以上的关联度就非常强。这也明确说明这个学区选择了合适的学术优先标准。

表7.3　通过2016年州测试的学生中，在优先标准上达到熟练度的学生比例

学生达到熟练度的优先标准数量	三年级语言艺术通过率	三年级数学通过率	四年级语言艺术通过率	四年级数学通过率	五年级语言艺术通过率	五年级数学通过率
0	24	0	4.4	0	5.9	0
1	25	7.7	12	7.7	13.6	0
2	29.4	0	43.8	0	22.2	13.3
3	60	16.7	56.5	12.5	27	15
4	54.2	18.8	37.5	6.7	35.1	34.8
5	61.9	31.6	64.7	29.2	50	38.1
6	72	17.7	66.7	21.1	74.4	39.1
7	88.9	69	65.6	36	88.9	56.5
8	87.5	54.6	75	40	84.2	68.8
9	82.4	53.3	79.5	56.7	92.7	60
10	95.6	78.4	78	61.8	95.3	70
11	92.9	88.5	97.1	60.6		73.7
12	98.8	97.9		85.3		72.2
13				95.4		87.5
14				100		82.6
15						100
16						100
17						100
18						100
关联度	0.95	0.95	0.93	0.96	0.98	0.98

第四级：标准参照汇报

学区工作人员可以为第四级的工作提供宝贵的支持，包括为基本内容制定熟练度量表，以及制定能够表明学生状况和发展情况的成绩单的重要承诺。此外，学区一级的工作人员可以协助管理与第四级工作相关的重大二阶变化。

在第三级中，教师团队有能力制定有保障的可行课程，而这一团队同样也可以制定熟练度量表。目前，各学区都有若干选择来制定熟练度量表：他们可以购买熟练度量表进行修改，或者从头开始创建熟练度量表，也可以实施混合方法。

购买熟练度量表进行修改

学区可以选择购买现有的熟练度量表，然后对其进行修改和调整以满足学区需求。例如，缅因州销售可供全州使用的学习进度或量表。此外，马扎诺研究中心开发了与美国共同核心州立标准（Common Core State Standards）和美国下一代科学课标（Next Generation Science Standards）相一致的核心观念熟练度量表。由于从头开始创建熟练度量表需要团队或者教职工耗费很多时间、心血和精力，一些学区发现购买量表并进行修改是一个不错的选择。

从头开始创建熟练度量表

学区可以选择从头开始创建熟练度量表。一旦学区建立了优先标准和有保障且可行的课程，它就为这一步做好了准备。学区可以在网上找到有关如何实施的资源和书籍。

实施混合方法

制定熟练度量表的第三种方案是混合方法。通过这种方法，学区也许决定为某些科目购买熟练度量表，但会为其他科目建立自己的量表。有些学区在最初尝试为某一特定科目创建熟练度量表时可能会遇到困难，对于这些学区而言，混合方法是一个不错的方案。如果学区预算紧张，但又想在创建熟练度量表时看到一些范例，那么这种方法也有很好的效果。

不管学区选择何种方式，学区均需在这些工作中起到引领作用。学区会发现，复制每个学校制定高质量的熟练度量表所需的时间、心血、精力和专业知识都极为困难。但是，学区层面的做法可以减轻负担。

学区的教职工也必须有机会制定自己的熟练度量表。当教职工从其他渠道购买熟练度量表时，这一点就显得尤为重要。他们需要深入了解熟练度量表的内容，并且需要认可各量表的学习进度。让教职工修改这些量表可以增加他们对最终量表的投入。无论采用何种方法制定熟练度量表，修改这些量表的投入都很重要。

除了制定熟练度量表外，学区一级的领导还对制定成绩单起到关键作用，成绩单可以说明学生在优先标准方面的状况以及取得的进步。在第五章，我们谈到了成绩单，它不仅包含传统的综合成绩，也可以通过条形图表明学生状况和发展情况。创建能实现这一目标的成绩单听起来很容易；然而，根据我们与美国各地学校和学区的合作经验，为学校出具成绩单的学生信息系统公司也许并不想拟定这类成绩单。他们一般都想让学校使用他们创建好的成绩单模板，但是这些模板通常不会显示成绩状况和进步情况。但是，学区一级的教职工具有独特的优势，他们可以推动供应公司达到高质量成绩单所要求的两个标准。因此，学区一级的扶持在这方面必不可少。

在大多数学校里，汇报结构上的变化代表着二阶变化。我们知道，这一程度上的改变将导致学校文化衰落，秩序混乱，投入机会减少，学校社区间的沟通也将减少。

要否认这种观点很简单，可以说它们仅仅是观点，而非实际状况。但是，我们强烈建议不要无视这些问题，因为在学校社区，这些观点是某些人的实际情况。相反，学区领导可以不断提醒学校教职工和领导，这些观点通常发生在二阶变化中。学区领导通过把选民注意力集中在数据驱动式教学模型第一级至第三级所带来的正面影响上，以缓解负面看法所带来的冲击。这一逻辑同样适用于第五级。

第五级：能力本位教育

在第五级，学区一级的支持对调整报告系统、帮助学校制定时间表使学生在达到熟练度时可以提前学习、安排高级课程、协助与各校社区建立沟通计划等方面都具有重要意义。更改报告系统绝非易事。学校在这些方面需要学区一级的支持，正如第四级中更改成绩单一样。此外，在能力本位体系中，改变学校日程表也会带来挑战。学区一级的教职工可以通过收集和分享其他能力本位学校的例子来协助学校，帮助他们权衡不同方案的利弊，以及帮助他们决定如何利用技术来辅助实施。

学区行政人员能够协助制订的就是沟通计划，这在第五级中最为重要。一些社区考虑完全转向能力本位体系。因此，当学校考察自身结构的这一转变时，应该通过各种方式告知整个学校社区。我们建议在合适的时机让更多的人参与到考察中来，包括家长、社区成员、教师、管理人员、辅助行政人员，以及学生。当学校确定推进能力本位体系时，若这一决定来自根基深厚的委员会，那将是有助益的。委员会成员可以根据不同人群的期望、害怕、担忧和可能性提供有价值的意见。

庆祝成功

成为一所高可靠性学校和学区是一项艰巨且具有挑战性的工作。各学区不能忘记庆祝成功，并与他人共享。知悉目标的进展可以让人们保持干劲，并不断进取。显然，一旦学区认为他们在数据驱动式教学模型的各级别都达到了高度可靠性，他们就应该庆祝，然而，庆祝的关注点应该多样化。教职工和学校应为取得的逐步进展而受到表扬。当学校找到更多的时间配合教职工工作时，他们应该庆祝一番。当学生获得额外的学习时间和学习支持时，他们也应该庆祝。当教职工制定和实施有保障且可行的课程时，他们应该认可这一成就并予以庆祝。这些是学校在数据驱动式教学模型中逐步取得进展时，能够获得认可的众多机会中的几个例子。尽管这些事情本身可能无法体现学生的学习水平很高，但是他们体现了帮助学校和学区为学生取得了更多成就所做的工作。

结论

虽然数据驱动式教学模型以学校为重点，但各学区可以利用它来激发和引领整个系统的改革。如果一个学区中的每所学校都在某种程度上追求高可靠性学校，那么学区领导不仅可以在每一级提供支持，而且还可以确保系统内的学校在创建滞后指标方面拥有一定的自主权，同时在某种程度上存在着一致性，因为它们都遵循了数据驱动式教学模型。

结 语

在导语中，理查德·杜福尔以这一问题引入对学校领导力的论述："我们能实现公平和卓越吗？"作为与理查德共同创作这本书的合作者，我们和他一样认为，如果我们把我们对专业学习共同体过程的了解付诸实践，再结合我们对高可靠性组织的了解，我们就能顺利解答这一难题。理查德知道自己的时间有限，就在此时写下导语，这对我们有重要意义。我们认为，理查德把自己在专业学习共同体进程中所取得的开拓性成果与新兴的数据驱动式教学工作相结合，是K-12教育中一个重要的积极进程。

附录：克拉克·普莱森特社区学校的校长协作团队议程

2016—2017年的工作重点

- 21世纪技能。
- 学生目标设定、计划和进度跟踪。
- 熟练度量表的制定。
- 利用技术加强教学，并以电子方式向学生传授部分课程。

协作团队会议规范

- 会议开始时添加待办事项，在协作会议结束后讨论。
- 准时开始。
- 如果需要延长会议时间，可以采取分组讨论的方式。
- 保持谈话的机密性，除非获得了分享的许可。
- 专注于当下。
- 照顾好自己和他人。
- 每个人在会话中的发言权都是平等的，并且都要参与其中。
- 友善待人。
- 彼此对规范负责。

议程安排

上午8:00-8:05 规范审查

上午8:05-8:45 继续学习

1. 带上与家庭作业相关的资料或研究，并准备好讨论它。针对有意义的家庭作业进行讨论，涵盖以下讨论要点。

- 我们是否明确教授给学生责任感和组织性？
- 有没有其他的方法来培养责任感？
- 我们对所有家庭的期望都现实吗？
- 我们中有几个人有兴趣查看一下，在我们的教学楼里到底有哪些家庭作业被送回家。
- 我们下次会议学习哪些新型内容，为什么？

2. 给教职工的两个录像课程打分。

- 让参与者观看教师的教学视频，并进行打分和讨论。
- 讨论教学评审的可能性。最佳教学评审有以下三个数据分数。

  a.教师自我评价

  b.学生调查数据

  c.观察员数据

- 在下次专业学习共同体会议之前，自行观看并为第一个视频打分（大约40分钟），并在下次会议上一起为第二个视频打分。
- 在观看时使用学区政府将会寄给我们的观察表。
- 向我们的教学指导员询问他们已经用于此目标的视频。

上午8:45-10:25 分享

1. 针对成果或项目进行讨论。

- 依据学生和技能，回顾第一阶段的基本学习数据，并涵盖以下讨论要点。
    - 我们的优势是什么？发展机会是什么？和团队一起研究这些问题。
    - 与去年前九周的数据相比，看看你们学校的数据。

2. 我们将在下个月的会议上带来什么成果或项目，为什么？

- 下个月我们没有时间做出其他成果或项目。

上午10:25-10:45 实施日程表

1. 我们是否已经完成了全学区执行日程表中的项目？进展如何？

2. 下个月、下一季度和下半年的计划是什么？展开并进行必要的调整（见表A.1）。

表A.1 全学区执行日程表

月份	措施	责任人
2016年8月	• 建立具体的快速数据 • 让所有员工对《新教学艺术与科学》样本的43个要素进行自我评价	• 教学楼领导 • 全体教职工
9月	• 建立具体的快速数据	• 教学楼领导
10月	• 建立具体的快速数据 • 收集并整理第一季度英语学习（EL）成绩	• 教学楼领导 • 指导员和教学楼负责人
11月	• 建立具体的快速数据	• 教学楼领导
12月	• 建立具体的快速数据 • 更新教职工目标 • 召开初级规模发展委员会会议 • 完成第一轮教学圈	• 教学楼领导 • 全体教职工 • 规模发展委员会

（续表）

月份	措施	责任人
2017年1月	• 建立具体的快速数据 • 收集并整理第二季度英语学习成绩	• 教学楼领导 • 指导员和教学楼负责人
2月	• 建立具体的快速数据 • 让所有员工对43个要素进行自我评价（职业发展日）	• 教学楼领导 • 所有学区行政人员
3月	• 建立具体的快速数据 • 收集并整理第三季度英语学习成绩 • 进行第一轮学校教学评审	• 教学楼领导 • 指导员和教学楼负责人 • 学区和教学楼管理人员
4月	• 建立具体的快速数据 • 进行第二轮学校教学评审	• 教学楼领导 • 学区和教学楼管理人员
5月	• 建立具体的快速数据 • 整理并分享最终目标区域的自评分数 • 收集并整理第四季度英语学习成绩 • 完成第二轮教学	• 教学楼领导 • 指导员和教学楼负责人
6月	• 建立具体的快速数据 • 举办克拉克-普莱森特社区学校企业学习峰会	• 教学楼领导 • 全体教职工
7月	• 举办高可靠性学校峰会	• 全体教职工

上午10:45-11:00 确定下一个协作团队会议的议程

1. 反思“持续性学习”和“成果项目”，为下一次会议召开做准备。

2. 解决所有遗留问题。